Wendy Darvill · Kelsey Powell

Wie kläre ich *mein Kind* auf?

Tipps und Gesprächshilfen

Aus dem Englischen von
Theresia Übelhör

WILHELM HEYNE VERLAG
MÜNCHEN

HEYNE RATGEBER
08/5398

Umwelthinweis:
Dieses Buch wurde auf chlor- und
säurefreiem Papier gedruckt.

Taschenbuchausgabe 04/2004

Die Originalausgabe erschien unter dem Titel
WHAT SHALL WE TELL THE CHILDREN?
im Verlag Hodder & Stroughton (Australia) Pty Limited,
Sydney, Australien

Wilhelm Heyne Verlag, München,
in der Verlagsgruppe Random House GmbH
http://www.heyne.de
Printed in Germany 2004
Illustrationen: Katja Lechthaler, München
Umschlaggestaltung: Eisele Grafik-Design, München
Satz: Schaber Satz- und Datentechnik, Wels
Druck und Bindung: Ebner & Spiegel, Ulm

ISBN 3-453-86226-0

Danksagung

Unseren Kollegen vom Familienplanungszentrum in Queensland, Australien, danken wir für ihr Interesse und ihre Unterstützung, vor allem Sylvia Bannah half uns, Schwerpunkte festzulegen.

Dank an Alison Farington, Helen Ferguson und Val French, die das Manuskript kritisch lasen und Verbesserungsvorschläge machten.

Dank auch an Jennifer Wiltshire, die die Passagen zum Thema »Selbstschutz und sexueller Missbrauch« überprüfte, und Sally Hughes vom Familienplanungszentrum Neuseeland für ihre wertvolle Kritik und ihre Tipps.

Wir danken ferner unserer Verlegerin Philippa Sandall für ihre Ideen und ihr Engagement.

Und abschließend danken wir unseren Familien, vor allem Bernard und Gary, für ihre Hilfe und ihren moralischen Beistand.

Inhalt

Vorwort

Dieses Buch wird Ihnen helfen, mit Ihren Kindern ungezwungen über Sexualität zu sprechen.

In den letzten Jahrzehnten entwickelte sich eine offene Diskussion über Sexualität, und der Gebrauch sexueller Ausdrücke wurde von Personen aller Altersstufen akzeptiert. Mittlerweile ist die Bedeutung der Sexualerziehung für die gesunde Entwicklung eines jeden Kindes anerkannt.

Sexualerziehung ist zwar im Unterricht vieler Schulen Pflichtstoff in den unteren Klassen. Die Eltern sind aber nach wie vor die wichtigsten Erzieher in Sachen Sexualität, denn sie liefern bereits ihren Säuglingen Informationen, Anschauungen und Wertvorstellungen. Dazu gehören Mitteilungen über den Körper, das Geschlecht, den sexuellen Ausdruck, die Kommunikation, die Fortpflanzung, die Beziehungen und die Achtung des Körpers der anderen.

Es ist noch gar nicht so lange her, da sprach man über Sex nur im Flüsterton und beschränkte Aufklärung normalerweise auf ein kurzes Gespräch mit der Mutter oder dem Vater kurz vor Beginn der Pubertät und – wenn man Glück hatte – vielleicht auf ein paar gute Ratschläge gegen Ende der Jugendzeit. Und selbst heute noch fällt es so manchen Eltern schwer, mit ihren eigenen Kindern offen über Sexualität zu sprechen.

Wir haben dieses Buch geschrieben, um über Kommunikationsschwierigkeiten hinwegzuhelfen. Wir wollen zeigen, wie unbefangen mit Kindern über Sexualität gesprochen werden kann, und Sicherheit im Umgang mit diesem Thema vermitteln, damit die Botschaften, die Kindern überbracht werden sollen, auch wirklich positiv sind und ihnen helfen, eine selbstverständliche, gesunde, sachkundige und bejahende Einstellung zur Sexualität zu entwickeln.

Dabei berücksichtigen wir die Sorgen und Nöte, die uns viele Eltern mitgeteilt haben, und beantworten weitgehend die Fragen, die Kinder und Erwachsene aller Altersstufen in der Regel stellen. Wir geben Ihnen praktische Informationen, ab welchem Alter man mit Kindern über Sexualität sprechen sollte, wie man die Fragen der Kinder beantwortet, welche Informationen angemessen sind, wie man eine positive Einstellung und Wertvorstellungen vermittelt und wie es gelingt, das Gespräch über Sexualität mit den eigenen Kindern aufrechtzuerhalten.

Wenn man über Sexualität spricht, umfasst dies mehr als nur die rein sachliche Information. Um die Rolle als Sexualerzieher erfolgreich übernehmen zu können, müssen Sie selbst verstehen, was Sexualität ist und die Sexualität Ihres Kindes akzeptieren. Alle diese Punkte werden hier ausführlich besprochen.

Dieses Buch wird allen Eltern nützlich sein, ungeachtet ihrer kulturellen Herkunft, ihres Alters und des Alters ihrer Kinder. Es ist für jeden, der mit Kindern zu tun hat, aufschlussreich. Dazu gehören Großeltern, Lehrer und Erzieher.

Die angesprochenen Sachverhalte gelten gleichfalls für behinderte Kinder. Fragen und Probleme, die wir nicht ansprechen, lassen sich mithilfe von weiterführenden Büchern, örtlichen Beratungsstellen oder Selbsthilfegruppen klären.

Wenn Sie dieses Buch lesen, wird Ihnen klar werden, dass der Umgang mit Sexualität ein lebenslanger Lernprozess ist. Es ist sinnvoll, wenn Kinder schon sehr früh aktiv über Sexualität aufgeklärt werden, aber auch Kinder, die erst später an das Thema herangeführt werden, profitieren von einer offenen und ehrlichen Diskussion.

Das Buch ist in drei Abschnitte gegliedert. Im ersten Teil geht es darum aufzuzeigen, wie wichtig es grundsätzlich ist, mit Kindern über Sexualität zu sprechen, Informationen über die sexuelle Entwicklung von Kindern und Jugendlichen zu geben und praktische Vorschläge zu machen, wie das Thema Sexualität am besten angesprochen werden kann.

Im zweiten Teil stehen sachliche Erklärungen, die helfen werden, die Fragen, die Ihre Kinder stellen, inhaltlich korrekt zu beantworten. Die ergänzten Diskussionsanregungen werden Sie in die Lage versetzen, Anschauungen und Wertvorstellungen weiterzugeben und Ihre Kinder zu ermutigen, sexuelle Themen zu besprechen. Adressen von Beratungseinrichtungen und Literaturhinweise sind im dritten Teil aufgelistet.

WIE SAG ICH'S MEINEM KIND

Teil 1

Kinder, Jugendliche und Sexualität

»STIMMT ES, DASS DIE BABYS AUF BÄUMEN WACHSEN?«

1 Warum sollen Kinder aufgeklärt werden?

Mit Kindern unbefangen über Sexualität sprechen können Eltern nur, wenn sie verstehen, was der Begriff Sexualität umfasst, und wenn sie sich ihrer eigenen Sexualität bewusst sind. Es ist für Eltern ebenfalls nützlich, sich klar zu machen, wie sie selbst aufgeklärt wurden und wie sie ihre persönlichen Einstellungen und Wertvorstellungen entwickelt haben. Diese Themen werden im nächsten Kapitel besprochen. In diesem Kapitel erklären wir, was Sexualität ist und warum es für jedes Kind absolut notwendig ist, von seinen Eltern oder anderen Bezugspersonen aufgeklärt zu werden.

Wenn wir an Sex und Sexualität denken, verbinden wir damit oft nur den körperlichen Akt, aber Sexualität ist weit mehr als das. Sexualität ist ein Zusammenspiel unterschiedlichster Elemente und Teil der Persönlichkeit eines jeden Menschen. Sexuelle Lust und Fortpflanzung sind wesentliche Komponenten der Sexualität. Doch zur Sexualität gehört auch das Bedürfnis nach Liebe und Geborgenheit, ob wir uns selbst und unseren Körper bejahen, wie wir uns als Mann oder Frau wahrnehmen und welche Beziehungen wir zu anderen haben. Sexualität umfasst alle körperlichen und gefühlsmäßigen Aspekte einer Person sowie ihre Verhaltensweisen, die sie oder ihn zu einem sexuellen Wesen machen. Jeder von uns bringt seine Sexualität anders zum Ausdruck, aber sexuelle Wesen sind wir alle.

Jeder hat eine eigene Überzeugung, eigene Wertvorstellungen und Anschauungen hinsichtlich der Sexualität, die von den eigenen Eltern und frühkindlichen Erfahrungen geprägt wurden. Sie sind sehr unterschiedlich und abhängig von Erziehungsstil, Kultur, religiösen Einflüssen und persönlichen Erfahrungen. Es herrschen nicht nur in verschiedenen Kulturen unterschiedliche Glaubens- und Wertvorstellungen vor, auch die Mitglieder anderer kultureller oder religiöser Gruppen unterscheiden sich voneinander.

Viele glauben, dass Sexualerziehung erst in der Pubertät eine Rolle spielt, dabei beginnt die Sexualität eines Menschen bereits mit seiner Geburt und endet erst mit seinem Tod. Das Bedürfnis, über Sexualität informiert zu sein, hält das ganze Leben lang an, und es ist nicht nur darin begründet, dass sich die Sexualität im Laufe eines Lebens verändert, sondern auch darin, dass es immer wieder neue Erkenntnisse über Sexualität gibt.

Es gibt im Laufe unseres Lebens Ereignisse, die unsere Sexualität beeinflussen, zum Beispiel Krankheiten oder psychische Krisen. Zwar stellt das Kinderkriegen an sich keine Krise dar, aber es hat so gut wie immer Auswirkungen auf unsere Sexualität, da zum einen die körperlichen Veränderungen und das Stillen die Mutter beeinträchtigen und zum anderen beide Elternteile sich an schlaflose Nächte, die neuen Pflichten, ihre veränderten Rollen und an die elterliche Sorge allgemein erst gewöhnen müssen. Zur Lebensmitte treten andere Dinge in den Vordergrund, die unser Sexualleben beeinflussen: die Erziehung Jugendlicher, die Pflege betagter Eltern, veränderte Arbeitsverhältnisse oder auch ein angegriffener Gesundheitszustand.

Außerdem gibt es natürliche biologische Veränderungen, die alle Menschen im Laufe des Älterwerdens erleben und die sich auf die Sexualität und alle anderen Bereiche des menschlichen Lebens auswirken.

Sexualität in der alten chinesischen Kultur

Die alten Chinesen befolgten die Philosophie des Taoismus und sahen sexuelle Lust als eine spirituelle Verpflichtung an; sie glaubten, dass Sex häufig und mit besonderer Sorgfalt praktiziert werden sollte.

Die Männer wurden dazu ermutigt, mit so vielen Frauen wie nur möglich Sex zu haben, weil die »Lebenssäfte« der Frau dazu beitragen würden, die Lebenssäfte (Spermien) des Mannes zu erhalten, die in ihrer Menge begrenzt seien. Um die höchste Wirkung zu erzielen, musste der Mann die Frau zum Orgasmus stimulieren.

Verbreitete Märchen über Sexualität

Wer über Sex wirklich Bescheid weiß, wird eine positivere Einstellung zu sich selbst und seiner Sexualität entwickeln. Ganz gleichgültig, wie alt man ist, wenn man die Fakten kennt, kann man die Märchen und Mythen aufdecken, die meist aufgrund von Unwissenheit und Angst hartnäckig fortbestehen. Oft steigern Märchen die Erwartungen an den Sex, und wenn diese Erwartungen dann nicht erfüllt werden, sind die Beteiligten enttäuscht und fühlen sich oftmals sexuell »minderwertig«.

Wer über Sex Bescheid weiß, wird sich leichter persönlich entwickeln und erfüllte Beziehungen eingehen. Eltern, die für die Sexualität ihrer Kinder Verständnis haben – gleichgültig, wie alt diese sind – werden offen und ehrlich mit ihnen sprechen können und den Kindern während ihres Heranwachsens helfen, Märchen und Falschinformationen über die Sexualität als solche zu entlarven.

Märchen	Tatsache ist
Sexuell aktiv zu sein bedeutet ausschließlich, dass man Geschlechtsverkehr hat.	Manche Menschen haben seltener Geschlechtsverkehr, finden aber auf andere Weise sexuelle Befriedigung, wie zum Beispiel durch oralen Sex oder Selbstbefriedigung.
Jeder (vor allem jeder Mann) weiß alles Wissenswerte über Sex.	Viele Menschen erfahren in ihrer Jugend wenig oder gar keine Sexualerziehung und sind oft zu gehemmt, um Fragen zu stellen. Jungen werden im Allgemeinen von zu Hause oder der Schule weniger aufgeklärt als Mädchen und meiden es eher, mit ihren

Märchen	Tatsache ist
	Eltern über Sexualität zu sprechen. Trotzdem wird immer wieder erwartet, dass sie diejenigen sind, die bestens Bescheid wissen, was sie erheblich unter Druck setzt, müssen sie doch so tun, als wüssten sie mehr, als sie tatsächlich wissen.
Männer sollten immer den Anfang machen.	Es scheint selbstverständlich, dass Männer beim Sex den Anfang machen, auch das lastet auf ihnen. Viele sagen, dass sie es gerne hätten, wenn ihre Partnerin ab und zu die Initiative ergreifen würde.
Wenn man nicht wenigstens ab und zu Sex hat, ist etwas nicht in Ordnung.	Menschen haben unterschiedliche sexuelle Wünsche und Bedürfnisse. Die Reaktion des Einzelnen hängt von einer Vielzahl von Faktoren ab. Manche mögen vielleicht keinen Sex und haben nur einen geringen Geschlechtstrieb, andere wollen frei und ungebunden bleiben. Das sexuelle Verlangen eines jeden Einzelnen unterliegt vielen

Märchen	Tatsache ist
	Einflüssen, so dem Gesundheitszustand, dem Alter, der psychischen Belastung, der Erschöpfung, der körperlichen Verfassung oder den jeweiligen Lebensumständen.
Aufregender Sex ist der beste Sex.	Wenn Menschen bewusst darum bemüht sind, jedes Mal, wenn sie Sex haben, ein möglichst hohes Maß an körperlicher Erregung zu erlangen, entgehen ihnen möglicherweise andere schöne Seiten des Sex, vor allem die liebevollen und zärtlichen Aspekte einer innigen Beziehung.
Wenn mein Partner mich wirklich liebt, weiß er oder sie schon von allein, was ich mag.	Jedem, der nicht gelernt hat, unbefangen über Sex zu sprechen, wird es schwer fallen, dem Partner mitzuteilen, was er mag und was nicht. Weil jeder unterschiedliche Bedürfnisse und andere Erwartungen an das sexuelle Verhalten hat, muss man dem Partner aber seine Wünsche mitteilen und sollte nicht erwarten, dass sie oder er Gedanken lesen kann.

Sexualerziehung

Sexualerziehung umfasst ein breiteres Verständnis von Sexualität, nicht nur die grundlegenden Tatsachen über den Körper und die Fortpflanzung. Sinnvolle Sexualerziehung berücksichtigt das Selbstwertgefühl der Menschen, die Beziehung zu ihrem Körper, ihre Fähigkeit, Entscheidungen zu treffen und sich mitzuteilen, und ihre Fähigkeit, Beziehungen einzugehen und aufrechtzuerhalten.

Sexualität und Älterwerden

In den meisten westlichen Kulturen werden heute ältere Menschen als »asexuell« angesehen, das heißt, dass sie weder an Sex interessiert noch in der Lage seien, sexuell aktiv zu werden. Normalerweise wird Sex, wenn er für Menschen in jungen Jahren eine wichtige Rolle gespielt hat, diese ein ganzes Leben lang einnehmen. Der normale Alterungsprozess hat allerdings körperliche Auswirkungen auf die Sexualität eines Menschen. Bei Männern kann es zum Nachlassen des Geschlechtstriebs kommen, und es kann länger dauern, bis eine Erektion erreicht ist. Bei Frauen kann es vorkommen, dass die Scheide langsamer feucht wird, und die Kontraktionen der Scheide und der Gebärmutter beim Orgasmus können ein wenig schwächer werden. Dennoch sind auch ältere Menschen sexuell aktiv. Wenn auch das Bedürfnis, miteinander zu schlafen, nicht mehr so häufig ist wie in jungen Jahren, so erhalten nicht selten die innige und warme Beziehung zu dem Partner, der intensive Gedankenaustausch und viele gemeinsam durchlebte Erfahrungen die gegenseitige Attraktivität.

Jedes Kind erhält während seiner Kindheit irgendeine Form von Sexualerziehung. Vom Zeitpunkt der Geburt an vermitteln ihm die Eltern Botschaften über Sex (ob sich die Eltern dessen bewusst sind oder nicht). Wenn die Kinder älter werden, werden sie geradezu mit Informationen über Sexualität überschüttet, sei es von Gleichaltrigen, von Zeitschriften, Fernsehen oder von der Familie.

Übliche Bedenken

Viele Eltern, mit denen wir gesprochen haben, äußerten Bedenken, ihre Kinder über Sex aufzuklären. Nachfolgend einige ihrer Sorgen:

- Mein Kind ist zu jung, um aufgeklärt zu werden.
- Kinder könnten ihre Unschuld verlieren, wenn man mit ihnen über Sex spricht.
- Wenn man Kinder über Sex informiert, wollen sie es selbst ausprobieren.
- Es ist nicht nötig, über Sex zu sprechen; die Kinder werden schon Fragen stellen, wenn sie so weit sind.
- Wenn ich mit meinem Kind über Sex spreche, wird es das in der Schule weitererzählen.
- Ich will meinem Kind nur meine Wertvorstellungen vermitteln.
- Wenn man zu viele Informationen gibt, führt das zu Gefühlskonflikten.

Wir wollen diese Sorgen im Einzelnen besprechen.

Mein Kind ist zu jung, um aufgeklärt zu werden

Kinder erhalten bereits von ihrer Geburt an Botschaften über Sex. Wesentlich ist, sich klar zu machen, was man seinen Kindern vermitteln möchte, und ihnen das auch direkt zu sagen und es nicht bei unterschwelligen Botschaften zu belassen, die Kinder ohnehin aufschnappen.

Wie jede Erziehung ist auch die Sexualerziehung eine dauerhafte Aufgabe. Kleinkinder werden über Verkehrssicherheit, persönliche Sicherheit und Körperpflege informiert und bauen auf anfänglich grundlegenden Hinweisen auf, wenn sie älter werden. Auch Sexualerziehung ist ein gesunder und normaler Teil des Lebens, der von Anfang an in die Entwicklung eines Kindes einbezogen wird.

Und wenn Sie möchten, dass Ihre Kinder mit ihren Fragen und Problemen zu Ihnen kommen, wenn sie älter werden, müssen Sie schon sehr früh anfangen, diese Dinge mit ihnen zu besprechen.

Kinder könnten ihre Unschuld verlieren, wenn man mit ihnen über Sex spricht

Was ist Unschuld? Unschuld wird als frei von Scham und Schuld definiert. Tatsächlich hilft die Sexualerziehung, die Unschuld des Kindes zu bewahren. Kinder, die richtige Informationen erhalten und sich über Sexualität keine Sorgen zu machen brauchen, entwickeln seltener Gefühle von Schuld und Scham und laufen weniger Gefahr, sexuell missbraucht zu werden. Oft wird Unschuld mit Unwissenheit verwechselt. Eltern akzeptieren im Allgemeinen, dass sie ihre Kinder für das Leben rüsten und ihnen viele Dinge beibringen müssen. Vor allem Sexualität zählt zu den Themen, über die Kinder Bescheid wissen sollten, damit sie nicht unwissend heranwachsen.

Wenn man Kinder über Sex informiert, wollen sie es selbst ausprobieren

Untersuchungen haben eindeutig bewiesen, dass Kinder, die über Sex richtig informiert wurden, seltener das Bedürfnis haben, es selbst auszuprobieren. Viele junge Mädchen, die schwanger werden, wissen sehr wenig über Empfängnis und Empfängnisverhütung. Bescheid zu wissen und sich über die eigene Sexualität im Klaren zu sein hilft jungen Leuten eher, verantwortliche Entscheidungen über Sex zu treffen. Die Wahrscheinlichkeit ist geringer, dass sie sich unter Druck gesetzt fühlen, sexuell aktiv zu werden.

Doch die einfache sachliche Aufklärung über die Körperteile und die Fortpflanzung allein reicht nicht aus. Jungen Leuten muss auch die Kunst der Gesprächsführung und Entscheidungsfindung beigebracht werden, und sie sollten sich selbst und ihrer Sexualität positiv gegenüberstehen.

Es ist nicht nötig, über Sex zu sprechen; die Kinder werden schon Fragen stellen, wenn sie so weit sind

Manche Kinder fragen nie. Da Eltern die wichtigsten Sexualerzieher ihrer Kinder sind, ist es wirklich ihre Aufgabe, die Sache zur Sprache zu bringen. Wenn Sie das Thema selbst ansprechen, signalisieren Sie zugleich Ihre Bereitschaft, über diese Dinge zu sprechen.

Wenn ich mit meinem Kind über Sex spreche, wird es das in der Schule weitererzählen

Manche Eltern sind besorgt, dass ihre Kinder, wenn sie mit ihnen offen über Sex sprechen, zur unpassenden Zeit und an ungeeigneten Orten mit anderen darüber sprechen. Wer in dieser Hinsicht Bedenken hat, sollte dem Kind sagen, dass diese Sachen privat sind (aber kein Geheimnis oder gar unanständig) und dass andere Leute vielleicht verlegen sind und nicht gerne darüber sprechen. Damit lernt das Kind zudem, die Gefühle anderer zu achten.

Natürlich hält das ein Kind nicht unbedingt davon ab, sein Wissen weiterzuverbreiten, aber es wird zumindest korrekte Informationen weitergeben!

Ich will meinem Kind nur meine Wertvorstellungen weitergeben

Eltern vermitteln Ihrem Kind ständig Wertvorstellungen. Entscheidend ist, wie diese weitergegeben werden. Ein Kind übernimmt Wertvorstellungen am ehesten, wenn ihm erklärt wird, warum diese wichtig sind und warum Mutter oder Vater daran festhalten. Im Laufe des Heranwachsens werden Kinder mit einer Fülle von Anschauungen und Wertvorstellungen konfrontiert, und es ist hilfreich, wenn mit ihnen über eine Vielzahl dieser Wertvorstellungen gesprochen wird.

Wenn man zu viele Informationen gibt, führt das zu Gefühlskonflikten

Kinder nehmen nur Informationen auf, die sie auch verstehen können. Wenn Erklärungen zu »erwachsen« sind, werden sie diese einfach aussortieren. Kinder, die über Sexualität aufgeklärt sind, fühlen sich hinsichtlich ihrer Sexualität und der Sexualität anderer unbefangener. Sie werden also in Wahrheit eher weniger in Gefühlskonflikte geraten und werden keine Gefühle von Schuld, Scham und Verunsicherung hegen.

Warum ein Kind Bescheid wissen sollte

Umfassende, altersgemäße Sexualerziehung sowohl durch das Elternhaus als auch durch die Schule ist ein Leben lang von Nutzen. Sie bereitet Kinder auf die körperlichen und emotionalen Veränderungen vor, die sie im Laufe ihres Heranwachsens erleben werden. Die Folge davon ist, dass Kinder ihrem Körper positiver gegenüberstehen und die Veränderungen als normalen Teil des Erwachsenwerdens betrachten.

Kinder, die wenig oder keine Sexualerziehung erfahren, laufen eher Gefahr, ausgenutzt und missbraucht zu werden. Wenn Kinder informiert sind und ihrer Sexualität positiv gegenüberstehen, können sie in einer möglichen Missbrauchssituation ihrem eigenen Urteilsvermögen vertrauen. Wir wurden zum Beispiel gebeten, einem jungen Mann Sexualerziehung zu erteilen, der als Kind missbraucht worden war. Nach einigen allgemeinen Informationen über Sex meinte er, dass es wohl nicht zu diesem Missbrauch gekommen wäre, wenn er vorher gewusst hätte, was richtig sei und was nicht. Wie können wir von Kindern erwarten, dass sie wissen, was falsches Verhalten ist und wie sie damit umzugehen haben, wenn wir ihnen die richtigen Informationen vorenthalten?

Wenn Kinder über sexuelle Dinge ausreichend informiert sind, können sie falsche Aussagen erkennen, die sie von Gleichaltrigen, den Medien oder auf andere Weise erhalten. Viele sexuelle Probleme könnten vermieden werden, wenn die Betroffenen Wissen, Verständnis und eine positivere Einstellung zur Sexualität hätten.

Menschen, die wissen, wie ihr Körper funktioniert, erkennen, wann etwas nicht in Ordnung ist. Sie suchen eher um Hilfe nach und erhalten deshalb eine frühere Behandlung ihrer Gesundheitsprobleme. Krankheiten wie Prostata- und Gebärmutterhalskrebs bleiben oft unbehandelt, bis es zu spät ist, weil sich viele Männer und Frauen davor scheuen, zum Arzt zu gehen.

Fortdauernde Sexualerziehung hilft den Menschen zudem, sich anderen verständlich mitzuteilen. Menschen, die von Kindheit an sexuelle Aufklärung erfahren haben, können unbefangener über Sex sprechen. Das bedeutet, dass sie ihre sexuellen Bedürfnisse selbstsicherer aussprechen und deshalb auch weniger unter Druck geraten, Sex zu haben, bevor sie dazu wirklich bereit sind.

Zur sinnvollen Sexualerziehung gehört auch, Kindern beizubringen, Entscheidungen zu treffen. Viele Menschen haben das nie gelernt oder es wurde ihnen nie erlaubt, selbst Entscheidungen zu fällen. Einige der wichtigsten Entscheidungen mit den weitreichendsten Folgen, die der Mensch im Laufe seines Lebens trifft, haben mit Sexualität zu tun: wann er Sex hat, mit wem, ob er Kinder haben möchte und falls ja, wann.

Es ist für Ihr Kind wichtig zu lernen, wie es Entscheidungen treffen kann, und die Entscheidungsfindung von klein auf zu üben. Leider machen sich viele junge Leute erst dann das erste Mal darüber Gedanken, ob sie sexuellen Kontakt haben wollen, wenn sie sexuell erregt sind und sich auf der Stelle entscheiden müssen. In solchen Situationen »passiert« Sex einfach, ohne geplant zu sein. Das ist einer der Gründe, warum so viele junge Leute beim ersten Mal keinen »safer sex« praktizieren.

Wissen und Information allein sind aber nicht genug. Zur sinnvollen Sexualerziehung sollten Diskussionen und Gespräche über Wertvorstellungen und Anschauungen gehören, durch die sich junge Leute ihrer Sexualität bewusst werden, eine eigene Meinung bilden und sich sicher fühlen. Wer Kindern die Gelegenheit bietet, eigene Wertvorstellungen in einem geborgenen Umfeld auszutesten, wird ihre Toleranz und ihr Verständnis erheblich fördern.

Junge Leute, die Gelegenheit haben, über ihre Vorstellungen nachzudenken, verlegen ihre ersten sexuellen Erfahrungen meist auf später und schützen sich, wenn sie Sex haben. Ihr Selbstvertrauen erlaubt es ihnen, selbstbewusster zu sein. Junge Leute, die über diese Themen nicht nachdenken und sich über ihre eigenen Wertvorstellungen nicht im Klaren sind, verleugnen ihre sexuellen Regungen häufiger. Sie lassen Sex einfach geschehen, ohne Verhütungsmittel zu benutzen oder sich um »safer sex« zu kümmern, und empfinden hinterher häufiger Gefühle von Schuld oder Reue.

Sinnvolle Sexualerziehung im Laufe der ganzen Kindheit hilft Kindern, eine positive Einstellung zur eigenen Sexualität zu entwickeln. Das wird wiederum ihr Selbstwertgefühl steigern und ihnen in jedem Fall helfen, dauerhaftere und befriedigendere Beziehungen einzugehen.

Jüngere Untersuchungen haben ergeben, dass eine große Zahl der jungen Leute nicht unbefangen mit ihren Eltern über sexuelle Dinge sprechen kann.

Daher ist es für Sie wichtig, schon sehr früh offen mit Ihrem Kind über Sex zu sprechen und dies auch zu tun, wenn sie oder er älter wird, damit die Gesprächsverbindung nicht abreißt.

»SEID IHR KRANK?«

2 Wie werden Kinder über Sexualität aufgeklärt?

Wie wurden Sie, als Sie jung waren, über Sex aufgeklärt? Von den Kindern aus der Nachbarschaft? Hinter einem Fahrradschuppen oder in den Toiletten der Schule? Durch Bücher und Zeitschriften? Von Ihrer Mutter oder Ihrem Vater? Das sind neben der Sexualerziehung in der Schule und eventuellen Eltern-Kind-»Gesprächen« die nahe liegenden Informationsquellen.

Doch über Sex und Sexualität zu sprechen heißt nicht nur, sachliche Informationen weiterzugeben oder zu erhalten. Die meisten Informationen über Sexualität werden unterschwellig weitergegeben, und an erster Stelle von den Eltern.

Wie wurden Sie aufgeklärt?

- »Mutter hat mir ein Buch unter das Kopfkissen gelegt.«
- »Als ich 13 war, sind Papa und ich zu einem Vater-Sohn-Gespräch ausgegangen. Papa hat an dem Abend mehr gelernt als ich.«
- »Die Kinder von gegenüber haben es mir gesagt; deren Eltern haben sehr offen über alles gesprochen.«

- »Mutter erzählte es mir beim Wäscheaufhängen, und sie versteckte sich dabei – ganz verlegen – hinter den Leintüchern.«
- »Vater sagt, er hätte mir alles erzählt, als ich etwa 10 war, aber ich kann mich beim besten Willen nicht daran erinnern.«
- »Ich machte meine ersten praktischen Erfahrungen im Alter von 8 Jahren mit einem Mädchen, das in unserer Straße wohnte. Es wusste über alles Bescheid.«
- »Ich habe eine katholische Schule besucht, und der Priester hat uns geraten, Kapitel 6 im Biologiebuch durchzulesen.«
- »Ich bin zu einer Mutter-Tochter-Veranstaltung gegangen, bei der uns ein Mann mit einer Fliege alles über unsere ›wunderbaren Körper‹ erzählte. Hinterher wusste ich immer noch nicht, was Geschlechtsverkehr ist.«
- »Der Junge von gegenüber hat mir seinen Pimmel gezeigt.«

Vom Tag Ihrer Geburt an haben Sie tagtäglich Informationen über Sexualität erhalten. Sie haben vieles gelernt, indem Sie beobachteten, wie sich die Leute in Ihrer Umgebung zueinander verhielten und mit Ihnen selbst umgingen. Sie haben dabei nicht nur sachliche Informationen mitbekommen, sondern auch Verhaltensweisen und Wertvorstellungen kennen gelernt.

In diesem Kapitel beschreiben wir die Art und Weise, in der Kinder über Sexualität aufgeklärt werden. Beim Lesen wird jedem bewusst werden, wie bedeutungsvoll der Beitrag der Eltern ist, vom Tag der Geburt des Babys an, während der gesamten Kindheit bis zur Jugendzeit. Eltern bringen ihren Kindern in jeder Phase des Heranwachsens ständig etwas über Sexualität bei, sowohl bewusst als auch unbewusst; nicht nur durch das, was sie sagen und tun, sondern auch durch das, was sie nicht sagen und unterlassen.

Junge oder Mädchen?

Basis jeder Art von Sexualität ist, wie Sie sich selbst hinsichtlich Ihrer Männlichkeit beziehungsweise Weiblichkeit ansehen. Heute können werdende Eltern mittels Ultraschall das Geschlecht ihres Babys lange vor der Geburt herausfinden. Ist das Geschlecht nicht im Voraus bekannt, dann sind die ersten Worte nach einer Entbindung normalerweise »Es ist ein Junge« oder »Es ist ein Mädchen«.

Mit diesen Worten wird bereits das Verhalten gegenüber dem Kind bestimmt, denn es gibt zweifelsohne Dinge, die grundsätzlich für einen Mann oder eine Frau charakteristisch sind. Untersuchungen haben beispielsweise ergeben, dass mit weiblichen Babys in der Regel ganz anders umgegangen wird als mit männlichen. Mädchen werden sanfter berührt, und es wird öfter zu ihnen gesprochen. Jungen erhalten direktere Anregungen und werden zu größerer Unabhängigkeit ermuntert. Diese Erfahrungen werden im Laufe des ganzen Lebens durch die Botschaften verstärkt, die sie oder er durch die Medien, die Werbung, die Schule, die Familie, durch Freunde und Bekannte empfängt.

Männlich oder weiblich

Das Geschlecht eines Kindes wird bei der Befruchtung durch die Samenzelle festgelegt. Sowohl der Samen als auch das Ei tragen ein Geschlechtschromosom. Das Ei trägt immer ein X-Chromosom, aber der Samen kann entweder ein X oder ein Y tragen. Ergibt die Kombination XX, ist das Baby weiblich; ergibt sie XY, ist es männlich. Das Geschlecht des Babys ist erst etwa im dritten Schwangerschaftsmonat erkennbar.

Es besteht kein Zweifel daran, dass es über die äußeren körperlichen Merkmale und die Fortpflanzungsorgane hinaus biologische Unterschiede zwischen Mann und Frau gibt; viele Wesensmerkmale sind jedoch anerzogen. In jeder Gesellschaft ist festgelegt, welches Verhalten sich für Männer und Frauen geziemt. Zwar ist die westliche Gesellschaft gegenüber leichten Abweichungen der Geschlechternormen toleranter als noch vor einer Generation, doch wird traditionell männliches oder weibliches Verhalten noch immer positiv hervorgehoben. Männliche Sportstars und weibliche Supermodels – harte, aktive, erfolgreiche Männer und schöne, passive Frauen – gelten vielfach immer noch als Rollenvorbilder. Der Versuch, diese Stereotypen nachzuahmen, begrenzt jedoch die Entwicklungsmöglichkeiten des Einzelnen.

Die Gesetze schreiben Chancengleichheit für Männer und Frauen vor. Die Pädagogen sind sich der Geschlechterproblematik bewusst, und diese findet inzwischen Aufnahme in den Lehrplänen der Schulen und pädagogischen Maßnahmen. Genauso wichtig ist, dass sich auch viele Eltern dessen bewusst werden und ihre Töchter ermutigen, sich stärker durchzusetzen und selbstsicherer zu sein, Sport zu treiben und sich in Mathematik und naturwissenschaftlichen Fächern und an Computern zu bewähren. Viele Jungen werden ermuntert, weniger aggressiven Freizeitbeschäftigungen nachzugehen, und ermutigt, Musik und Kunst zu betreiben und Zuneigung und Gefühle zu zeigen, wenn dies angebracht ist.

Alle diese Entwicklungen zeigen ein verändertes Rollenverständnis. Wenn Jungen kochen oder ihnen gestattet wird zu weinen, wenn sie sich wehgetan haben, wenn Mädchen Fußball spielen dürfen oder Hosen anstatt Kleider tragen, dann nehmen diese Verhaltensweisen noch lange keinen Einfluss darauf, wie sie sich mit ihrer Männlichkeit oder Weiblichkeit identifizieren. Vielmehr wird ihr Erfahrungshorizont erweitert und die sich entwickelnde Persönlichkeit bereichert werden.

Welche Botschaften bergen wohl folgende Aussagen?

Jungen	Mädchen
»Große Jungen weinen nicht.«	»Brave Mädchen benehmen sich nicht so.«
»Hör auf, dich wie ein Mädchen aufzuführen.«	»Eine Dame würde das nie tun.«
»Du bist zu groß, um noch geküsst zu werden.«	»Schön, aber dumm.«

Jungen	Mädchen
»Was für ein großer, starker Junge.«	»Was für ein süßes kleines Mädchen.«
»Ein typischer Junge, nie sitzt er still.«	»Ein typisches Mädchen, immer quengelig.«
»Sei keine Heulsuse.«	»Zickiges kleines Mädchen.«
»Sei ein Kavalier – überlass der Dame deinen Sitzplatz.«	»Sie ist eigentlich eher ein Lausbub.«

Das »richtige« Geschlecht

Kinder sind sehr empfindlich hinsichtlich beiläufiger Bemerkungen ihrer Eltern. Stellen Sie sich vor, wie sich eine zweite Tochter wohl fühlt, wenn sie ihre schwangere Mutter seufzen hört »Hoffentlich ist es diesmal endlich ein Sohn« oder wie sich ein zweiter Sohn fühlt, wenn er seine Eltern zu Freunden sagen hört »Ihr habt Glück – ihr habt ein Pärchen«.

Für manche Eltern ist es vielleicht wichtig, einen Sohn oder eine Tochter zu haben, aber sie sollten ihre Worte in Hörweite der Kinder sehr sorgfältig wählen, damit sich die Kinder nicht unter Umständen herabgesetzt fühlen oder annehmen, sie seien eine Enttäuschung für ihre Eltern oder das Gefühl bekommen, ihr Geschlecht sei weniger wert.

Die Liebe zwischen Eltern und Kind

Einige der frühesten Botschaften über Sexualität werden durch die Art und Weise vermittelt, in der das Baby umsorgt wird. Viele Menschen sind sich heute der Bedeutung der frühen Bindung zwischen Eltern und Kindern bewusst, Geburtsmethoden werden verändert, damit die Eltern ihr Baby gleich nach der Geburt in den Arm nehmen und es selbst versorgen können. Hautkontakt führt zu Wohlbehagen und vermittelt ein Gefühl von Geborgenheit und Liebe. Babys, die diese Art von Anregung nicht regelmäßig erhalten, gedeihen in der Regel schlechter als jene, die sie bekommen.

Auch andere Formen des Umgangs mit dem Baby beeinflussen die sich entwickelnde Sexualität eines Kindes. Babys, die gestreichelt werden, mit denen geschmust und liebevoll gesprochen wird, erhalten eine Vielzahl positiver Botschaften. Sie lernen, dass Hautkontakt und Nähe normal und wohltuend sind, dass Menschen liebevoll miteinander sprechen und umgehen können und dass es völlig normal und alltäglich ist, diese Gefühle und Zuneigung zu zeigen.

Natürlich endet das Bedürfnis nach körperlicher Zuwendung nicht mit der Säuglingszeit. Um Gefühle von Wohlbehagen zu entwickeln und zu bewahren, brauchen alle Menschen, gleich welchen Alters, die Zuneigung jener, die sie lieben. Eltern, die ihren Kindern ihre Liebe zeigen, helfen die Selbstachtung und das Selbstwertgefühl des Kindes zu stärken. Und diese Gefühle bleiben ihr oder ihm das ganze Leben erhalten und tragen dazu bei, ein glückliches und zufriedenes Leben führen zu können.

Zuneigung sollte auch mit Worten ausgedrückt werden. Das kann direkt geschehen, wenn man zum Beispiel sagt

»Ich liebe dich« oder »Ich verzeihe dir«. Aber auch durch andere Bemerkungen, die den Wert und die Begabung eines Kindes hervorheben und bestärken, wie zum Beispiel »Ich finde es wirklich bewundernswert, wie du ...«, »Glückwunsch, wie toll du dich angestrengt hast, um so gut zu spielen« oder »Danke, dass du heute nicht mit deinem kleinen Bruder gestritten hast und so rücksichtsvoll, nett und liebevoll warst«.

Die Beziehung der Eltern und anderer Erwachsener

Kleine Kinder lernen vieles dadurch, dass sie die Beziehungen ihrer Eltern und anderer Erwachsener beobachten. Ihr erstes Verständnis davon, wie Erwachsene miteinander umgehen, wird durch das Beobachten jener festgelegt, die sie umsorgen. Allerdings gibt es keine perfekte Familie, und Eltern können nicht erwarten, ihre Kinder ohne gelegentliche Meinungsverschiedenheiten aufziehen zu können. Wer das glaubt, würde unerfüllbare Erwartungen haben.

Die meisten Partnerschaften durchlaufen auch schwierige Phasen, und fast alle Paare sind sich irgendwann einmal uneinig und streiten. Kinder lernen, mit Konflikten umzugehen, wenn sie sehen, dass ihre Eltern gelegentlich verschiedener Meinung sind und dann ihren Streit in vernünftiger und zivilisierter Weise beilegen können. Wenn Kinder sicher sind, dass sich ihre Eltern lieben, werden sie diese Auseinandersetzungen als vorübergehend und als normalen Teil einer guten Partnerschaft betrachten. Kinder, die sehen, dass ihre Eltern oder andere Erwachsene sich ihre Liebe und Zuneigung zeigen, lernen, dass Erwachsene so miteinander umgehen und dass es normal ist, seine Zuneigung zu zeigen. Mit liebevollen Rollenvorbildern heranwachsende Kinder sind eher fähig, ihre Gefühle zu zeigen, nicht nur später in ihren intimen Partnerschaften, sondern auch in ihren Beziehungen zu Familienmitgliedern und Freunden.

Gewiss fragen sich manche Eltern, welches Maß an körperlicher Liebe ihre Kinder sehen oder darüber Bescheid wissen sollten. Eltern äußern oft Bedenken wie »Was, wenn sie uns beim Geschlechtsverkehr überraschen?« oder »Was, wenn mich mein Kind über sehr persönliche Einzelheiten meines Sexuallebens ausfragt?«. Natürlich besteht für Sie keinerlei Anlass, Ihr Kind in Ihr Sexualleben einzubeziehen oder gar Ihre persönlichen Erlebnisse bis in Einzelheiten mit ihm zu besprechen. Für Kinder ist es wichtig, schon in frühen Jahren verstehen zu lernen, dass manche Handlungsweisen und Informationen wirklich intim sind. Dennoch ist es für Kinder gut zu wissen, dass ihre Eltern Sex haben und dass dieser Teil einer jeden Liebesbeziehung ist.

Auf Sex kommt man oft nur dann zu sprechen, wenn erklärt werden soll, woher die Babys kommen, und nicht weil Sex Spaß und Vergnügen bereitet. Wenn man aber auf diese positiven Gesichtspunkte hinweist, werden Kinder lernen, dass Geschlechtsverkehr nichts Schlechtes oder Schmutziges ist. Für viele Kinder ist es schwierig zu glauben, dass ihre Eltern Sex haben, und sie finden sich manchmal mit den Tatsachen ab, indem sie annehmen, dass die Eltern es nur zwei- oder dreimal getan haben, um genau diese Zahl an Kindern zu bekommen. Ein Neunjähriger sagte nach einer Sexualerziehungsstunde:

»Das mit den Babys muss auch anders gehen. Meine Mutter würde so etwas nie tun!«

Wenn Kinder von klein auf mitbekommen, dass viele Erwachsene genau dies tun, wenn sie sich lieben, und dass es Spaß macht, werden solche negativen Einstellungen zum Sex erst gar nicht entstehen. Wenn Ihr Kind Sie beim Geschlechtsverkehr überrascht, ist es wichtig, dass Sie eine Pause einlegen und es beruhigen. Sie sollten erklären, dass sie sich lieben, nicht etwa miteinander kämpfen (seltsame Geräusche können manchmal verwirrend sein). Diese Erklärungen sollten Sie ruhig abgeben und ohne Ihr Kind zu schimpfen, weil es Sie gestört hat.

Eines Tages erkundigte sich meine Tochter bei einer Autofahrt, was Geschlechtsverkehr sei. Nachdem ich ihr alles erklärt hatte, fragte sie: »Darf ich das nächste Mal zuschauen, wenn du das mit Papa machst?« Ich erklärte ihr, dass Sex etwas sehr Intimes sei.

Eines Nachts, als wir gerade beim Geschlechtsverkehr waren, bemerkten wir die vier neugierigen Augenpaare unserer Kinder am Bettende. Wir erzählten ihnen einfach, dass wir gerade besonders fest kuscheln würden und schickten sie in ihre Betten zurück. Hinterher haben wir uns gefragt, ob die vier zusammen gekommen waren oder ob zuerst einer von ihnen gekommen war und dann die anderen geholt hatte.

Ich nahm das älteste unserer vier Kinder zu einem Aufklärungsabend mit. Auf dem Heimweg sagte es voller Abscheu: »Willst du damit sagen, dass du und Papa das viermal machen musstet, nur um uns zu kriegen?«

Wenn Ihr Kind bereits weiß, was Geschlechtsverkehr ist, wird eine kurze Erklärung ausreichen, nämlich, dass Sie sich sehr lieben und dass Sie nicht erwartet hätten, dass Ihr Kind hereinkommen würde. Wenn Ihr Kind noch nicht über Sex Bescheid weiß, bedarf es einer etwas ausführlicheren Erklärung. Wenn Ihr Kind jedoch noch sehr klein ist, wird es ausreichen, wenn Sie ihm sagen, dass Sie gerade besonders fest kuscheln würden, wie das Erwachsene tun. Die Gelegenheit ist immer günstig, Ihrem Kind zu erklären, was Geschlechtsverkehr ist – aber es sollte nicht zu klein sein.

Abgesehen von den körperlichen Ausdrucksmöglichkeiten von Liebe und Zuneigung lernen Kinder auch Respekt, wenn ihre Eltern sich zueinander respektvoll, großzügig und tolerant verhalten. Ebenso wird die Art und Weise, wie sich Eltern anderen Erwachsenen gegenüber geben, das Verhalten der Kinder beeinflussen. Familien, die einen guten Kontakt zu den Großeltern und anderen Verwandten pflegen, die harmonische Beziehungen zu Freunden und Arbeitskollegen unterhalten und freundlich zu ihren Nachbarn sind, leben ihren Kindern vor, wie man sich anderen gegenüber verhalten sollte.

Bei einem erheblichen Anteil der Familien mit minderjährigen Kindern sind die Eltern Alleinerziehende. Die große Mehrheit davon sind alleinerziehende Mütter. Eine verständliche Sorge vieler Alleinerziehender ist: »Wenn geschlechtsbezogene Rollenvorbilder und Beziehungen so wichtig sind, welche Auswirkungen hat dann eine unvollständige Familie auf die sexuelle Entwicklung meiner Kinder?«

Es gibt zu viele Einflüsse, als dass man hier verallgemeinern könnte; es spielt eine Rolle, wie alt das Kind war, als sich die Eltern trennten, ob das Kind jemals mit beiden Elternteilen lebte, ob es den anderen Elternteil regelmäßig trifft, welches Verhältnis die Eltern nach der Trennung zueinander haben und ob Mutter und Vater neue Beziehungen eingegangen sind oder nicht. Im Allgemeinen verläuft die sexuelle Entwicklung von Kindern Alleinerziehender entsprechend jener von Kindern, die mit beiden Elternteilen aufwachsen. Kinder profitieren immer davon, wenn sie Zeit mit Erwachsenen beiderlei Geschlechts verbringen und liebevolles und mitfühlendes Verhalten zwischen Erwachsenen miterleben. Freunde und Verwandte der Familie, wie zum Beispiel Tanten, Onkel und Großeltern, die ab und zu mit den Kindern zusammen sind, können jeweils als geeignete Rollenvorbilder herhalten.

Was Kinder von den sie versorgenden Personen am meisten brauchen, ist Liebe, Zuneigung, Geborgenheit und Ehrlichkeit. Der Rahmen, in welchem dies gegeben wird, ist weniger wichtig als die Tatsache, dass es gegeben wird und dass es dauerhaft gegeben wird.

Die Bereitschaft der Eltern, über Sexualität zu sprechen

Eltern, die bereit sind, über Sexualität zu diskutieren, vermitteln ihren Kindern, dass es in Ordnung ist, über Sex zu sprechen, und dass dieses Thema nicht anders ist als jedes andere auch. Bei einem Elternberatungsabend war eine Mutter anwesend, die die Geschichte ihres Fünfjährigen erzählte. Er kam und fragte: »Du weißt doch, wie aus einem Ei von Mami und einem Samen von Papi ein Baby wird. Wie kommen die aber zusammen?« Die Mutter setzte sich also hin und erklärte den Geschlechtsverkehr in einfachen Worten.

Als sie fertig war, blickte der kleine Junge auf und sagte: »Mami?« Dann kam eine Pause – was kommt jetzt wohl, überlegte sie. »Mami, wie kommt der Regen in die Wolken?« Für ihn war es genau das Gleiche, Fragen über den Geschlechtsverkehr und über das Wetter zu stellen oder zu fragen, was es zum Essen geben werde.

Wir wissen, dass viele Eltern es gerne sehen würden, wenn ihre Kinder Vertrauen zu ihnen hätten und ihren Rat suchen würden, bevor sie eine sexuelle Beziehung eingehen. Doch diese Offenheit und Ehrlichkeit von Kindern setzt dieselben Tugenden bei den Eltern voraus. Wenn Eltern dieses Thema scheuen, brauchen sie sich nicht zu wundern, wenn ihre Kinder das Gleiche tun.

Kinder lernen von den Einstellungen ihrer Eltern

Kinder lernen von den Einstellungen ihrer Eltern und werden davon beeinflusst. Dieses Lernen erfolgt manchmal ganz direkt, durch Diskussionen zwischen Eltern und Kindern oder durch Mithören, wenn Eltern ihre Anschauungen mit anderen diskutieren. Kinder lernen auch indirekt, wenn sie beobachten, wie sich die Eltern verhalten, zum Beispiel nichtsprachliche Mitteilungen machen (Lächeln, Stirnrunzeln, offensichtlich verlegen sind), und daraus, ob gestellte Fragen bereitwillig beantwortet werden, nur zögerlich oder gar nicht.

Kinder übernehmen die Einstellungen ihrer Eltern. Die meisten Eltern hören irgendwann, wie ihr Kind mit anderen ein Thema bespricht und Anschauungen äußert, die denen seiner Eltern sehr ähnlich sind. Dabei kann es sich um Politik, Armut, Krieg, Abtreibung – ja, eigentlich um jedes Thema handeln. Vielleicht wurde dieses Thema nie mit dem Kind direkt besprochen, und dennoch hat sie oder er die Grundanschauungen und -einstellungen der Eltern übernommen. Was sind die wichtigsten Einstellungen der Eltern, die die sexuelle Entwicklung von Kindern im Laufe ihres Heranwachsens beeinflussen?

»Die Konspiration des Schweigens«

Nehmen wir unser Verhältnis zur Sexualität genauer unter die Lupe, können wir unter der freizügigen Oberfläche noch so manche Spuren des 19. Jahrhunderts ausmachen.

Besonders vom England Königin Viktorias, der großen Kolonialmacht des 19. Jahrhunderts, ausgehend, verbreiteten sich Moralvorstellungen, die sich in einer allgemeinen Unterdrückung der menschlichen, vor allem der weiblichen Sexualität äußerten. Diese viktorianischen Einstellungen wurden vor allem von der Mittelschicht vertreten, während der Adel und die Arbeiterklasse oft ganz andere Moralvorstellungen hatten. Selbst dort, wo der Einfluss Englands nicht so stark war, herrschte eine ähnlich strenge moralische Einstellung gegenüber der Sexualität vor, wozu natürlich auch die katholische Kirche ihren Teil beitrug.

In einigen Ländern wurde die Sexualität Ende des 19. Jahrhunderts derart unterdrückt, dass sogar die geschwungenen Beine von Tischen oder Konzertflügeln als sexuell aufreizend angesehen wurden und die Mode um sich griff, diese mit Stoff zu bedecken, damit die Leute dem aufreizenden Anblick nicht länger ausgesetzt waren.

Das weitreichendste Erbe dieser Einstellung war die »Konspiration des Schweigens«, die hinsichtlich der Sexualität vorherrschte. Sexuelle Aktivität wurde allgemein verleugnet, und es war selbstverständlich, dass »bessere Leute« nicht über Sex sprachen. Der Kern dieser Moralvorstellungen war, dass Sex zwar in manchen Situationen als hinnehmbar, im Allgemeinen aber als »niedrig«, »animalisch« oder »sündhaft« galt. Sex wurde nur zwischen Ehemann und Ehefrau akzeptiert und auch nur in der so genannten Missionarsstellung, im Dunkeln und ausschließlich zum Zweck der Fortpflanzung.

In vielen medizinischen Veröffentlichungen aus jener Zeit wurde auf die negativen Folgen sexueller Aktivität und auf die Notwendigkeit hingewiesen, sexuelles Verlangen und Lust zu unterdrücken. Allgemein herrschte die Meinung, dass der Samen für die Gesundheit des Mannes ganz wesentlich sei und dass er nicht zum Vergnügen »vergeudet« werden dürfe. Manche Leute glaubten tatsächlich, Sperma zu verlieren sei das Gleiche, wie wenn man Blut verliert, und dass der Mann mit jedem Samenerguss schwächer würde. Man warnte die Männer, dass sie, wenn sie zu viel Sex hätten, sich immer mehr auszehrten und schwächten, ja schließlich sterben müssten.

Man ging davon aus, dass Frauen keinen Spaß am Sex haben könnten, und es wurde als unschicklich betrachtet, wenn sich Frauen Gemälde ansahen, auf welchen Nackte dargestellt waren. Viele Führungen durch Kunstgalerien wurden nach Geschlechtern getrennt durchgeführt, damit Frauen nicht in die Verlegenheit kamen, nackte Körper ansehen zu müssen. Frauen sollten nur zum Zweck der Fortpflanzung Sex haben, und der Geschlechtsakt wurde als so unerfreulich angesehen, dass Mütter ihren Töchtern vor der Hochzeitsnacht vielfach den Rat gaben: »Du musst es als deine eheliche Pflicht über dich ergehen lassen!«

Angesichts dieser umfassenden Verurteilung des Sex ist es nicht verwunderlich, dass sich die viktorianischen Einstellungen bis weit ins 20. Jahrhundert hielten. Einige zeitgenössische Autoren beschrieben diese Unterdrückung der Sexualität als eine Krankheit, und anstatt die Zeiten der Veränderung in den Zwanziger- und Sechzigerjahren als »sexuelle Revolution« zu bezeichnen, zogen sie es vor, diese »Perioden der Gesundung« zu nennen.

Es ist interessant anzumerken, dass in manchen Gesellschaften vor dem so genannten viktorianischen Zeitalter bemerkenswert offen mit Sexualität umgegangen wurde. Einige Jahrhunderte zuvor verfassten Autoren Texte und volkstümliche Schriften, in denen sie Sexualität in sehr deutlicher Sprache schildern. Schriften aus dem 15. Jahrhundert beschreiben z.B. die weibliche Klitoris und den weiblichen Orgasmus in allen Einzelheiten.

Elterliche Einstellung zur Nacktheit

Eine unbefangene Einstellung zur Nacktheit im häuslichen Bereich signalisiert Kindern, vor allem in den ersten Lebensjahren, eine positive Botschaft, nämlich, dass der menschliche Körper weder unanständig noch schlecht ist und dass die Geschlechtsorgane ganz normale Teile des Körpers sind.

Nacktheit innerhalb der Familie stellt die natürliche

Neugier von Kindern zufrieden und bietet ihnen Gelegenheit, Fragen zu stellen. Das kann zu einer offenen Diskussion über die Geschlechtsteile führen und verstehen helfen, wer uns nackt sehen und berühren darf und dass unser Körper wirklich nur uns allein gehört. Kinder können schon sehr früh lernen, was richtig ist und was nicht.

Wenn Kinder älter werden und sich ihr Körper zu verändern beginnt, entwickeln sie in der Regel ein größeres Schamgefühl. Jedem steht eine Intimsphäre zu. Eltern können hier als Vorbilder herhalten, indem sie auf die Hinweise oder Wünsche ihrer Kinder eingehen und ihrerseits die Kinder anhalten, das Bedürfnis der Eltern nach Ungestörtheit zu respektieren, zum Beispiel nicht ins Bad oder ins Schlafzimmer zu platzen, wenn die Tür geschlossen ist.

Die Einstellung der Eltern zu sexuellen Spielen der Kinder

Viele Eltern sind schockiert, wenn sie ihre kleinen Kinder bei irgendeiner Form von Sexspiel überraschen, wie zum Beispiel »Zeig mir deins«, »Vater-Mutter-Kind«, »Doktorspielen« oder wenn sie die Genitalien anderer Kinder anfassen. Die Reaktion der Eltern ist meist darin begründet, dass sie der Meinung sind, ihre Kinder täten dies zu ihrem sexuellen Vergnügen, nicht um ihre natürliche Wissbegierde und Neugier zu befriedigen. Wie Sie auf diese Art von Spielen reagieren, wird Ihrem Kind ziemlich deutliche und maßgebende Botschaften über Sexualität vermitteln. Wenn Sie mit Wut oder Abscheu reagieren oder Ihr Kind bestrafen, fühlt es sich wahrscheinlich schuldig und verunsichert. Die damit einhergehende Botschaft ist, dass das Kind etwas Schmutziges oder Unanständiges getan hat. Wenn Sie jedoch die Wissbegierde Ihres Kindes hervorheben und etwas sagen wie »Was hast du festgestellt?« oder »Glaubst du, dass du jetzt erwachsen bist?«, bringen Sie Ihr Einverständnis mit der Neugier Ihres Kindes zum Ausdruck und lassen zugleich die Möglichkeit offen, mit ihm zu besprechen, was richtig ist und was nicht. Manchmal müssen Eltern natürlich Grenzen setzen. Das sollte jedoch immer geschehen, ohne anzudeuten, dass Berührungen, Blicke oder bestimmte Verhaltensweisen falsch oder dass die Geschlechtsteile womöglich unanständig seien.

Die Einstellung der Eltern zur Selbstbefriedigung

Ein Kind, das sich selbst befriedigt, reagiert verwirrt, verängstigt oder fühlt sich schuldig, wenn Eltern (mit Worten oder durch ihr Verhalten) ihr Missfallen zum Ausdruck bringen. Die Aussage »Tu das nicht, das ist unanständig« oder andere Versuche, von der Selbstbefriedigung abzuhalten, könnten darauf hinweisen, dass es schädlich sei oder dass die Geschlechtsorgane schlecht oder schmutzig seien. Wenn Eltern Verständnis zeigen und vielleicht hervorheben, dass Selbstbefriedigung eine intime Angelegenheit ist, gestatten sie ihrem Kind, seinen oder ihren Körper zu genießen und zugleich eine gesunde Einstellung und angebrachtes Verhalten zu fördern. Sie könnten zum Beispiel sagen: »Das fühlt sich gut an, nicht? Aber weil deine Genitalien deine intimen Körperteile sind, solltest du das wirklich an einem ruhigen Ort, zum Beispiel in deinem Zimmer, tun.«

Elterliche Einstellung zur Pubertät

Die Reaktion der Eltern auf den sich entwickelnden Körper ihres Kindes und die mit der Pubertät verbundenen Veränderungen tragen wesentlich dazu bei, dass ihr Kind diese Veränderungen akzeptiert. Heute besprechen viele Eltern – vor allem mit ihren Töchtern –, was mit der Pubertät zu erwarten ist. Wenn man einem Kind diese Informationen vorenthält oder sie mit großer Verlegenheit preisgibt, wird es womöglich annehmen, dass mit diesem Lebensabschnitt irgendetwas nicht in Ordnung sei. Eltern, die ihr Kind informieren, über die Veränderungen sprechen, lange bevor sie eintreten, und ehrlich sind, werden dem Kind helfen, der Pubertät gelassen entgegenzusehen.

Achten Sie darauf, Positives weiterzugeben, wenn Sie über die Pubertät sprechen. Eine Zwölfjährige erzählte uns, wie ihre Großmutter reagierte, als das Mädchen seine erste Periode bekam: »Du armes Ding, wie schrecklich für dich!« Die Möglichkeit, dass das Mädchen vielleicht sehr stolz darauf sein könnte, nun auch die Periode zu haben, kam der Großmutter offenbar gar nicht in den Sinn. Viele Mädchen freuen sich nämlich richtig auf ihre erste Periode, und das sollte bedacht werden.

Sie können nie davon ausgehen, dass Ihre Kinder, nur weil Sie Ihre Pubertät in einer bestimmten Weise erlebt haben, die gleichen Empfindungen haben. Wenn man den Kindern versichert, dass Veränderungen zum Leben gehören und dass alle die Pubertät durchmachen, Mädchen wie Jungen, stärkt dies ihre Bereitschaft, diese Veränderungen zu akzeptieren und auch ihr Selbstvertrauen. Vielleicht können Sie darauf hinweisen, dass auch

Sie die Pubertät erlebt haben, ebenso die Lehrer Ihres Kindes, der Bundeskanzler, ja sogar die größten Idole Ihres Sprösslings.

Elterliche Einstellung zur Adoleszenz

Eltern machen sich häufig Sorgen über die Pubertät, oft sogar lange bevor ihre Kinder dieses Alter erreicht haben. Befragungen von Eltern in vielen Ländern haben ergeben, dass sich die Mehrzahl der Eltern zwar auf die meisten Entwicklungsstufen ihres Kindes freut, dass jedoch die Aussicht auf die Pubertät ein hohes Maß an Ängsten hervorruft. Statt sich auf die Jugendzeit zu freuen wie auf jeden anderen Abschnitt im Leben ihres Kindes, fürchten sich viele Eltern davor und machen sich Sorgen, wie sie damit wohl fertig werden.

Das liegt wahrscheinlich daran, dass manche möglichen Probleme der Heranwachsenden ernster sind als die Probleme, die man mit kleineren Kindern hat. Außerdem erhält die Jugend durch die Presse ein schlechtes Image. Andauernd scheinen wir etwas über Jugendkriminalität, Jugendarbeitslosigkeit, Alkohol- und Drogenmissbrauch durch Jugendliche, Selbstmorde Jugendlicher und schwangere Teenager zu lesen – um nur einiges zu nennen. Junge Leute werden oft als ichbezogen, faul und respektlos dargestellt. Schon seit Jahrhunderten haben Leute ihre Sorge über die »schwierigen Jugendlichen« zum Ausdruck gebracht. Tatsächlich beschrieben schon Sokrates, Aristoteles und Shakespeare die Jugendlichen als respektlos, dem Luxus erlegen, impulsiv, launisch und unbeherrscht. Eltern werden also geradezu angehalten, mit Schwierigkeiten zu rechnen.

Durch unsere Arbeit mit jungen Leuten machten wir die Erfahrung, dass sie im Allgemeinen nachdenklich und engagiert sind und sich von diesem negativen Image betroffen fühlen.

Sie können die Jugendzeit als einen von Rebellion und Widerspruch gekennzeichneten Lebensabschnitt betrachten, als eine schwierige, unangenehme Zeit – oder im Gegenteil als eine schöne Zeit, in der Sie miterleben, wie Ihr Kind selbständiger wird und neue und andere Beziehungen eingeht.

Negative Verallgemeinerungen über Teenager können deren Unmut vergrößern und einen Mangel an Vertrauen zwischen den Generationen zur Folge haben. Niemand möchte einfach abgestempelt werden und das Gefühl haben, nicht so akzeptiert zu werden, wie man ist! Welche Ansichten Sie auch immer über die Pubertät haben, Ihr Kind wird diese mitbekommen. Wenn diese Ansichten überwiegend negativ sind, könnten sie bestätigt werden!

Die Einstellung der Eltern zu Schönheitsidealen und Schlankheitsdiäten

Viele Eltern machen sich Sorgen über die gestörte Einstellung, die ihre Kinder zu ihrem Körper haben. Häufig stehen dahinter Sorgen über die Zunahme der Essstörungen wie Magersucht (Anorexia nervosa) und Bulimie. Auch auf diese Einstellung zum eigenen Körper haben die Eltern Einfluss. Das soll nicht heißen, dass Eltern alleine schuld sind, wenn ihre Kinder wie besessen Schlankheitsdiäten machen oder Essstörungen haben; auch von außen erhalten Kinder Botschaften über das Schönheitsideal, nicht nur von den Eltern.

Ihre Kinder werden Botschaften darüber aufschnappen, wie Sie zu Ihrem eigenen Körper stehen. Eltern, die sich zum Beispiel ständig mit Schlankheitsdiäten und ihrem Aussehen beschäftigen, werden ihrem Kind diese Verhaltensweisen weitergeben. Wenn Sie hingegen stolz auf Ihr Aussehen sind oder versuchen, sich einen gesunden Körper zu bewahren, dann vermitteln Sie, dass es ein erstrebenswertes Ziel ist, gesund zu sein.

Um bei Kindern eine realistische Einstellung zu wecken, müssen wir für uns selbst realistische Erwartungen haben. »Mach es, wie ich es dir sage, nicht wie ich es mache«, das klappt bei Kindern nicht.

Viele Frauen, gleich welchen Alters, sind allzusehr darum bemüht abzunehmen, aber biologisch betrachtet sind Frauen gar nicht dafür geschaffen, so mager zu sein. Wenn Sie Ihren Kindern versichern, dass ein paar Rundungen ganz normal sind, ist das schon ein guter Anfang! Das ist vor allem in der Pubertät wichtig, wenn der veränderte Hormonspiegel zu deutlichen Gewichtszunahmen führen kann.

Eine positive Einstellung zu seinem Körper hat viel mit dem allgemeinen Selbstwertgefühl zu tun. Wenn wir unsere Kinder ermutigen, sich selbst zu mögen, und wenn auch wir sie mögen, ist die Wahrscheinlichkeit größer, dass sie mit ihrem Körper zufrieden sind – trotz Pickel und anderer Makel.

Eltern können auch über die Idealbilder sprechen, die ständig im Fernsehen und in Zeitschriften gezeigt werden, und diese entlarven. Wie viele Leute kennen Sie, die wirklich wie »Barbie« oder »Ken« oder Supermodels oder die Stars der neuesten »soap opera« aussehen?

Der Einfluss der Medien

Das Fernsehen und andere Medien werden für alle möglichen Übel verantwortlich gemacht, vom Vorwurf, zur Gewalt zu ermutigen, bis hin zur Lähmung der kindlichen Kreativität und Phantasie. Und die Medien sind, was die Vermittlung von Botschaften über Sexualität betrifft, äußerst einflussreich.

Viele Kinder sehen viel fern. Eine amerikanische Studie hat herausgefunden, dass Kinder bis zum Ende ihrer Schulzeit im Durchschnitt mehr Zeit vor dem Fernseher als in der Schule verbracht haben. Diese Kinder sollen jährlich 14 000 Anspielungen auf die Sexualität gesehen haben! Die Werbung im Fernsehen und der Presse, die täglichen »soap operas« und Serienkomödien, die Talkshows und sogar die Nachrichten verbreiten Botschaften über das »wahre Leben« – das aber natürlich überhaupt nicht so ist. Viele Botschaften, mit denen die Eltern nicht einverstanden sind, zum Beispiel über das Schönheitsideal, über männliche und weibliche Rollenvorbilder, Beziehungsmuster, Sexualität und Kommunikation, gelangen so in die Häuser und die Köpfe unserer Kinder.

In der Werbung wird die erwachsene Frau oft gezeigt, wie sie wäscht, putzt oder sich um Kinder kümmert. Wenn Männer diese Aufgaben erledigen, werden sie gern als unfähig und lächerlich dargestellt. Kurvenreiche weibliche Körper werden benutzt, um Autos und Sportausrüstungen zu verkaufen. Minderheiten und ältere Menschen werden im Fernsehen selten gezeigt, und wenn, dann oft in klischeehaften Rollen.

Ältere Frauen haben selten höhere berufliche Positionen inne, genauso wenig spielen sie besonders attraktive

Wesen. Frauen, die im Fernsehen vorkommen, sind in der Regel jung, attraktiv und schlank (die körperliche Attraktivität von Männern wird als weniger wichtig erachtet), und Beziehungen nehmen in den Sendungen ihren Anfang, erreichen einen Höhepunkt und werden ebenso schnell wieder gelöst, wie man das Programm umschaltet. Wenn Sie diese Darstellungen mit den Botschaften über Sexualität verbinden, die junge Leute von ihren Eltern, den Gleichaltrigen oder Lehrern erhalten, braucht man sich nicht zu wundern, dass die Jugendlichen verwirrt sind!

Was lernt eine Vierzehnjährige, wenn sie die neueste Ausgabe eines typischen auf junge Frauen ausgerichteten Hochglanzmagazins durchblättert? Dort erscheinen zum

Beispiel Artikel wie »Wie angele ich mir einen reichen Mann?«, »Wie erlange ich Multiorgasmen?« oder »Wie macht man das Beste aus einem Abenteuer von einer Nacht?«. Und dann kommen die unvermeidlichen Diätpläne, Modevorschläge und die Reklame, die mit untergewichtigen, stark geschminkten Models Kosmetik, Kleidung, Parfums und Deodorants anpreist. Und welche Botschaften erhalten Jungen, wenn sie Sportzeitschriften und »Softpornos« lesen? Sie lernen ganz etwas anderes als das, was ihre Eltern oder Lehrer ihnen beizubringen versuchen.

Es ist natürlich nicht falsch, wenn Kinder und Teenager fernsehen oder Zeitschriften lesen. Beides kann, richtig eingesetzt, sogar bildend und informativ sein, solange sich die jungen Leute darüber im Klaren sind, dass das, was sie da sehen oder lesen, nicht immer der Wirklichkeit entspricht. Eltern, die ein Auge darauf haben, was ihre Kinder sehen oder lesen, können mit ihnen über die dargestellten Lügen und Unwahrheiten sprechen und die wahrheitsgetreuen Darstellungen lobend hervorheben. Es kann allerdings vorkommen, dass Eltern ihre Kinder davon abhalten müssen, Sendungen anzusehen und Sachen zu lesen, die nicht altersgemäß sind.

Einstiegshilfen für Diskussionen über Medien

- »Sehen die meisten Frauen (oder Mädchen) wirklich so aus?«
- »Denk an die Männer, die wir kennen. Sehen die wirklich so dumm aus, wenn sie die Hausarbeit erledigen?«
- »Ich frage mich, warum die Frau im Badeanzug auf einem Parkplatz steht.«

- »Glaubst du, dass die meisten Leute wirklich gleich miteinander ins Bett gehen, nachdem sie sich gerade mal 30 Minuten kennen?«
- »Warum drucken alle Frauenmagazine so viele Diätpläne und zugleich so viele leckere Rezeptvorschläge?«
- »Handeln ältere Leute wirklich so? Würde Großmama das in dieser Situation sagen?«
- »Ist das Leben tatsächlich so?«
- »Wie realistisch, glaubst du, ist das wohl?«

Der Einfluss der Schule

Ganz gleich, wie sorgfältig und gewissenhaft Sie die sexuelle Erziehung Ihrer Kinder angehen, solange Ihre Kinder klein sind, sobald sie in den Kindergarten oder die Schule kommen, beginnen sie (neben vielen positiven Dingen), alle möglichen unangebrachten Sachen über Sexualität zu lernen. Neunjährige erzählen Witze über Homosexuelle (aber das ist nicht das Wort, das sie gebrauchen), und Sechsjährige fragen nach der Bedeutung eines bestimmten Wortes mit sechs Buchstaben, das sie wohl kaum zu Hause gehört haben. Das lässt sich nicht vermeiden. Wenn Kinder mit anderen Kindern zusammenkommen, lernen sie direkt voneinander und beobachten sich gegenseitig. Sie lernen dadurch, dass sie sich gegenseitig Witze erzählen, spielen und indem sie Trends und Moden folgen, die Gleichaltrige vorgeben. Lehrer und andere Erwachsene tragen zu diesem Lernen natürlich bei.

Sexualerziehung in der Schule

Heute umfassen viele Lehrpläne auch Sexualerziehung. Diese bildet normalerweise einen Teil eines Unterrichtsfaches und behandelt auch Themen wie Beziehungen, Kommunikation, Verhaltensweisen und Wertvorstellungen. Eltern sind die wichtigsten Sexualerzieher ihrer Kinder, und die Sexualerziehung in der Schule kann ihre Rolle niemals ersetzen. Sexualerziehung in der Schule ist für Kinder dennoch nützlich.

Man kann nicht erwarten, dass Eltern alles wissen und alle Themen anschneiden, die besprochen werden sollten; noch erleben sie die Witze, Spiele, die ordinären Kraftausdrücke, Wandschmierereien, Hänseleien und Schikanen, denen ihre Kinder in der Schule ausgesetzt sind. Die Sexualerziehung in der Schule ergänzt die Bemühungen der Eltern, indem sie den Kindern exakte Informationen in einem geborgenen Umfeld vermittelt. Neben der Gelegenheit, die Meinung anderer zu hören, ermöglicht der Sexualunterricht in der Schule, in einer größeren Gruppe zu lernen. Damit steht der Einzelne nicht im Mittelpunkt und fühlt sich weniger direkt betroffen – die Masse bietet Sicherheit!

Eltern, die entschlossen sind, Fragen zur Sexualität mit ihren Kindern zu besprechen und deren Fragen bereitwillig zu beantworten, helfen, den Sinn dessen, was ein Kind anderswo lernt, zu erfassen. Das ist wie das Zusammensetzen eines Puzzles. Mit ihrer Hilfe werden die Kinder all die kleinen Informationsstückchen zusammensetzen und gesunde Einstellungen, Überzeugungen und Verhaltensweisen entwickeln.

»UND DU MEINST WIRKLICH,
ICH SEHE IRGENDWANN SO AUS WIE DU?«

3 Mit Kindern über Sexualität sprechen

Viele Erwachsene haben uns gesagt, dass sie in ihrer Kindheit nur sehr sparsam aufgeklärt wurden – falls überhaupt. Manche bekamen ein Buch in die Hand gedrückt (oder unter das Kopfkissen gelegt) oder es fand das große Aufklärungsgespräch statt. Das bedeutete dann meist, dass ein Elternteil (meistens die Mutter) sich mit ihnen hinsetzte und ihnen das erzählte, von dem er meinte, dass sie es wissen sollten. In der Regel fanden diese Gespräche direkt vor Beginn oder während der Pubertät statt, und die Informationen drehten sich vorwiegend um die Biologie der Fortpflanzung. Viele haben uns erzählt, dass sie diese Unterredung als verwirrend empfanden und sich dabei insgesamt unbehaglich fühlten, vor allem wegen der offensichtlichen Verlegenheit der Mutter. Außerdem, so meinten sie, war es ohnehin zu spät; sie hatten bereits durch ihre Freunde oder anderweitig Details erfahren. Ihnen wäre lieber gewesen, wenn ihre Eltern mit ihnen vom Kleinkindalter an offen und unbefangen hätten sprechen können. Selbst Eltern geworden, möchten sie ihren Kindern dieses Erlebnis ersparen, offen und ehrlich über Sexualität reden und ihren Kindern das Gefühl geben, jederzeit mit ihren Fragen und Sorgen zu ihnen kommen zu können.

Dennoch fällt es vielen Eltern schwer, mit ihren Kindern über Sex zu sprechen, da sie es nicht gelernt haben. Unsere Eltern haben es aber vielleicht nicht einmal schlecht gemacht, wenn man bedenkt, welche Art von Sexualaufklärung sie von ihren Eltern bekommen hatten.

Wir haben bereits beschrieben, wie Kinder von Geburt an Botschaften über Sexualität erhalten. In diesem Kapitel wollen wir darauf zu sprechen kommen, wie Eltern eine aktive Rolle bei der Sexualerziehung ihrer Kinder übernehmen können. Bedenken Sie, dass Sexualerziehung mehr ist als nur die Vermittlung von Wissen darüber, wie Babys geboren werden. Sie umfasst auch die Entwicklung oder Kenntnis von ...

- Selbstwertgefühl und Zufriedenheit mit sich und seinem Körper
- persönlichen Beziehungen
- sexuellen Gefühlen und sexuellen Reaktionen
- verschiedenen Meinungen und Wertvorstellungen der Menschen über Sexualität
- Entscheidungsfindung und Gesprächsführung
- Erwachsenwerden

Rufen Sie sich einmal in Erinnerung, welche verschiedenen Botschaften Sie über Sex aufgeschnappt haben, als Sie heranwuchsen. Waren diese positiv? Wurde Sex als normaler und gesunder Teil des Lebens dargestellt? Oder war Sex etwas, worüber man nicht sprach? Waren sexuelle Gefühle etwas, wofür man sich schämen musste? Nachfolgend einige Beispiele jener Botschaften, die Jugendliche erhalten:

»Niemand wird dich heiraten, wenn du keine Jungfrau mehr bist!«

Diese Botschaft verdeutlicht die doppelte Moral, die früher vorherrschte und dies möglicherweise auch heute noch tut, dass es nämlich für Jungen in Ordnung ist, »sich die Hörner abzustoßen«, Mädchen dagegen bis zur Ehe jungfräulich zu bleiben haben, da niemand »beschmutzte Ware« haben möchte.

»Sprich nicht über Sex, vor allem nicht in Anwesenheit Erwachsener.«

Viele Kinder empfangen schon sehr früh, unterschwellig oder ganz direkt, die Botschaft, dass Sex etwas ist, über das man nicht einmal zu Hause sprechen sollte. Unter diesen Voraussetzungen ist es unwahrscheinlich, dass Kinder mit ihren Eltern über Sex sprechen, selbst wenn das Thema sie sehr beschäftigt.

»Sex ist schmutzig, bewahre ihn für jemanden auf, den du liebst.«

Dieser widersinnige Ratschlag wird vielen Menschen in ihrer Jugend gegeben. Junge Leute werden oft vor schrecklichen Dingen gewarnt, die auf sie zukommen, wenn sie Sex haben. Manche Eltern scheinen es recht gerne zu sehen, wenn ihre Kinder, vor allem ihre Töchter, glauben, dass Geschlechtsverkehr etwas Unerfreuliches, ja sogar »Abscheuliches« ist. Sie meinen wohl, dies würde ihre Kinder davon abhalten, schon sehr früh sexuell aktiv zu werden. Man kann kaum erwarten, dass Kinder später als Erwachsene ein glückliches Sexualleben haben werden, wenn sie solch negative Botschaften erhalten.

»Die ganze Zeit wurde mir gesagt, dass Sex etwas Abscheuliches und Falsches sei; dann, in meiner Hochzeitsnacht, sollte Sex plötzlich romantisch und wunderbar sein!«

Das ist eine typische Aussage von Frauen, und es ist nicht verwunderlich, dass die Menschen über ihre Sexualität verwirrt sind und Schwierigkeiten haben, ihre Bedürfnisse offen und unbefangen auszudrücken.

»Selbstbefriedigung ist schmutzig und sündhaft.«

Vor allem Jungen erhalten oft sehr krasse Hinweise auf die schrecklichen Auswirkungen der Selbstbefriedigung und die entsetzlichen Dinge, die sie erwarten können, wenn sie sich dem »hingeben«. Einige der Lügengeschichten, die den Menschen angedroht wurden, wenn sie sich selbst befriedigten, waren: Ihnen würden Haare auf den Handflächen wachsen; ihr Penis würde abfallen; sie würden eine Glatze bekommen; sie würden erblinden; sie würden verrückt werden und sterben. Ein Mensch wird wohl kaum ein positives Verhältnis zu seinem Körper und seiner Sexualität entwickeln können, wenn er solche Botschaften erhält.

Wie Sie zu Eltern werden, die man fragen kann

Eltern sollten überlegen, welche Botschaften sie ihren Kindern geben wollen, und sich bemühen, ansprechbar zu sein. Sind Sie bereit, die Fragen Ihres Kindes zu beantworten und mit ihr oder ihm über sexuelle Dinge zu sprechen? Dann sollten Sie Ihrem Kind das deutlich zeigen, ihm zuhören und das Thema Sexualität offen ansprechen.

Wann Sie beginnen sollten, über Sexualität zu sprechen

Je früher, desto besser. Es ist einfacher, wenn man mit Kindern über Sexualität zu sprechen beginnt, solange sie noch sehr klein sind und noch keine negativen Botschaften und irreführenden Informationen erhalten haben. Dann wird die Sexualität nämlich wie jedes der vielen anderen Dinge aufgefasst, die Kinder im Lauf der Zeit lernen. Für Teenager, die sich ihrer Sexualität bereits bewusst werden, ist es oft schwierig, den Anfang zu machen und mit ihren Eltern darüber zu sprechen. Vielen Teenagern fällt es zudem schwer zuzugeben, dass sie über manche Dinge nicht Bescheid wissen, deshalb: Je früher Sie das Thema ansprechen, desto besser.

Viele Eltern glauben, man solle warten, bis die Kinder anfangen, Fragen zu stellen. Das ist in Ordnung, wenn Ihr Kind schon immer von sich aus viele Fragen gestellt hat. Allerdings warten wir ja auch nicht darauf, bis Kinder nach Tieren fragen, oder erklären ihnen erst, wenn sie fragen, wie sie eine Straße sicher überqueren können! Manche Kinder sind wenig neugierig, und wenn deren Eltern auf Fragen warten, warten sie vielleicht vergebens. Das heißt aber nicht, dass diese Kinder an diesem Thema nicht interessiert oder für diese Informationen noch nicht reif genug sind.

Manchmal schnappen Kinder die Botschaft auf (nicht unbedingt von den Eltern), dass Sexualität ein Thema sei, über das man besser nicht spricht. Wenn Sie die Sache selbst zur Sprache bringen, geben Sie ihnen deutlich zu erkennen, dass Sie bereit und willens sind, über Sexualität zu sprechen. Je früher Sie beginnen, mit Ihrem Kind positiv über Sexualität zu reden, desto größer ist die Chance, Ihren Kindern Selbstwertgefühl, eine gesunde Einstellung zur Sexualität und Toleranz zu vermitteln. Sie sagen Ihren Kindern damit auch: »Das ist ein Thema, über das ich gerne spreche.«

Wie man den Anfang macht

Aufklärung beginnt bereits, wenn Eltern ihren Kindern viel körperliche Zuneigung zeigen, sie umarmen und ihnen sagen, dass sie sie lieben und sich um sie kümmern. Sehr kleine Kinder von 2 oder 3 Jahren sind von Natur aus neugierig auf ihren Körper, und wenn Eltern alle Körperteile unbefangen und in positiver Weise benennen und darüber sprechen können, ist die Neugier der Kinder befriedigt, und sie fühlen sich mit ihrem Körper wohl.

> Mein fünfjähriger Sohn musste aus medizinischen Gründen beschnitten werden. Der Arzt sagte ihm, dass er nach der Operation genauso einen Penis haben würde wie sein Papa. Entsetzen machte sich auf dem Gesicht meines Sohnes breit, und er sagte: »O je, er wird doch nicht so groß und voller Haare sein?«

Beim Baden lässt es sich vorzüglich über den Körper sprechen. Oft zeigen kleine Kinder gerade dabei ihre Neugier, und Eltern können damit anfangen, indem sie die Körperteile benennen und ihre Funktionen erklären. Wenn Kinder zusammen mit Geschwistern des anderen Geschlechts baden, ergibt sich die günstige Gelegenheit, über die Unterschiede zwischen Jungen und Mädchen zu sprechen. Wenn Eltern zusammen mit ihren kleinen Kindern duschen oder baden oder sich vor ihnen ausziehen, bietet sich die Gelegenheit, über die Unterschiede zwischen den Körpern von Kindern und von Erwachsenen zu sprechen, zum Beispiel »Wenn du groß bist, wirst du auch einen Busen haben« oder »Jeder wächst und verändert sich, wenn er älter wird«. Viele Kinder empfinden ihre Genitalien als ihre »schlechten Körperteile«. Daher ist es wichtig zu betonen, dass diese wie alle anderen Körperteile auch sind, nur eben intim und normalerweise durch Kleidung verhüllt. Eltern können darauf hinweisen, wo man diese Körperteile bedenkenlos unbekleidet lassen kann – im Badezimmer oder auf der Toilette, im eigenen Zimmer und manchmal beim Arzt.

Eltern sollten auch besprechen, wer die Geschlechtsteile ihres Kindes anfassen darf und wann – vielleicht Mama und Papa oder eine andere Pflegeperson beim Baden oder ein Arzt oder eine Krankenschwester, wenn es eine medizinische Behandlung erfordert. Man kann den Kindern sehr deutlich machen, dass ihr Körper nur ihnen allein gehört. Wenn jemand sie in einer ihnen unangenehmen Weise anfasst und ihnen sagt, sie müssten dies als ihr Geheimnis bewahren, ist das falsch, und Kinder müssen dann sagen, dass der- oder diejenige aufhören soll, und nach Hause gehen und alles einer erwachsenen Person erzählen, der sie oder er vertraut.

Ein neugeborenes Baby in der Familie ist ein wunderbarer Anlass zu besprechen, wie Babys gezeugt werden und wie sie auf die Welt kommen. Das Kind wird in das Geschehen einbezogen und begreift alles als einen vollkommen natürlichen Teil des Lebens. Aber Mütter können natürlich nicht dauernd Babys bekommen, nur um ihre Kinder aufzuklären, deshalb braucht man andere Strategien.

Vielleicht ist eine Tante, eine gute Freundin oder Nachbarin schwanger, dann können Sie mit Ihrem Kind über das Baby sprechen. Kleine Kinder reden immer mit Begeisterung über ihnen bekannte Frauen, die schwanger sind oder gerade ein Baby bekommen haben. Es gibt viele Gelegenheiten, die Eltern nutzen können, um mit ihren Kindern ins Gespräch zu kommen oder bestimmte Themen anzuschneiden.

- **Wenn sich ein älterer Bruder oder eine Schwester gerade in der Pubertät befindet:**

  »Weißt du, dass du diese Veränderungen in ein paar Jahren auch erleben wirst?«

- **Wenn ein Thema im Fernsehen oder in der Zeitung erwähnt wird:**

  »Hast du von der Frau gehört, die schon über fünfzig ist und noch ein Baby bekommen hat?«

- **Wenn Kinder Binden, Tampons oder Kondome in der Drogerie oder der Schublade im Bade- oder Schlafzimmer finden:**

  »Das sind Kondome, und man benutzt sie für ›safer sex‹. Weißt du, was das ist?«

- **Wenn ein Haustier Junge wirft:**

  »Die Jungen wachsen im Uterus und kommen durch die Vagina der Mutter heraus. Weißt du, wie Menschenbabys geboren werden?«

- **Wenn Ihr Kind beim Zeitschriftenhändler ein »Playboy«-Magazin sieht:**

  »Wieso, glaubst du, kaufen sich Leute diese Zeitschriften?«

Jeder sollte diese sich bietenden »lehrreichen« Momente für ein Gespräch über ein geeignetes Thema nutzen. Es kann sich dabei um eine Meldung in den Nachrichten oder in der Zeitung über ein Frühgeborenes handeln, um eine neue Methode der Empfängnisverhütung oder eine Vergewaltigung. Diese Situationen bieten Eltern gute Gelegenheiten, nicht nur sachliche Informationen weiterzugeben, sondern auch über die damit verbundenen moralischen und sozialen Aspekte zu diskutieren und auch über ihre eigenen Wertvorstellungen zu sprechen. Günstig sind Zeitpunkte, zu denen keine Unterbrechung droht. Auf der Fahrt zur Schule oder zu anderen Aktivitäten lässt sich ideal über verschiedene Themen sprechen, da die Zuhörer gefangen sind.

Es gibt auch einige ausgezeichnete Bücher und Videofilme im Handel, die Anstoß für Gespräche sein können und die sich Eltern zusammen mit ihrem Kind ansehen sollten, um das Erlebnis mit ihm zu teilen und sicher zu sein, dass sie oder er das Dargestellte wirklich versteht. Im Anschluss lässt sich gut über das gemeinsam Gesehene sprechen.

Aufklärung kann nicht in einem einzigen Gespräch stattfinden, Aufklärung ist ein langsamer, lebenslanger Prozess. Die Information muss nach und nach weitergegeben werden, in kleinen Häppchen. Kinder lernen mehr durch ungezwungene Gespräche als durch formale Sexualerziehung.

Vom Umgang mit korrekten Begriffen

Häufig haben Menschen Hemmungen, die korrekten Begriffe zu verwenden, wenn sie über die Genitalien und die Sexualität ganz allgemein sprechen. Mit »korrekt« meinen wir Worte, die innerhalb einer großen Gemeinschaft verstanden werden. Das sind vielleicht medizinische Begriffe oder auch nicht; zum Beispiel benutzt man im Allgemeinen den Begriff Geschlechtsverkehr, obwohl der medizinische Begriff »Coitus« lautet. Umgangsbegriffe dafür sind vögeln, bumsen, miteinander schlafen und so weiter.

Wenn Kinder zu sprechen beginnen und allmählich die Namen der verschiedenen Körperteile lernen, wird ihnen in der Regel beigebracht, einen Arm Arm zu nennen, einen Fuß Fuß, aber den Genitalien werden oft Kosenamen gegeben. Manche Leute fühlen sich unbefangener, wenn sie Umschreibungen wie »Zipfelchen«, »Pimmel« oder »Pipi« benutzen. Das könnte dem Kind nahe legen, dass bei diesen Körperteilen irgendetwas anders oder nicht in Ordnung ist.

Wir nennen eine Nase Nase, warum nicht einen Penis Penis? Es ist einfacher, von Anfang an die korrekten Bezeichnungen zu verwenden. Wenn Sie sich erst daran gewöhnen müssen, können Sie beim Windelwechseln oder beim Baden des Babys üben. Somit lernt Ihr Kind von Anfang an die richtigen Begriffe, und Sie merken nach und nach, wie Sie sich beim Gebrauch dieser Begriffe fühlen. Sollten Sie bisher Kosenamen benutzt haben, seien Sie unbesorgt, erklären Sie einfach die richtigen Wörter und benutzen Sie bei Gelegenheit die korrekten Begriffe.

Es ist besser, Begriffe zu verwenden, die in der Gemeinschaft allgemein verstanden werden, als Wörter, die nur innerhalb der Familie gebraucht werden. Kinder, die die korrekten Begriffe und deren Bedeutung nicht kennen, sind im Nachteil, wenn außerhalb der Familie über Sex gesprochen wird. Und Menschen, die die korrekten Begriffe kennen und sie unbefangen verwenden können, suchen auch meist früher Hilfe, wenn etwas nicht in Ordnung ist, und gehen eher zu einem Arzt, zu einer Vorsorgeuntersuchung, weil sie ihrem Wissen vertrauen und ihre Anliegen besser mitteilen können.

Doch auch wenn zu Hause die korrekten Begriffe verwendet werden, fangen Kinder, wenn sie etwas älter sind und mehr Kontakt zu anderen haben, oft an, Umgangsbegriffe oder obszöne Wörter zu benutzen. Eine Mutter berichtete uns, dass ihr kleiner Sohn eines Tages von der Schule heimkam und sagte: »Du hast mir das falsche Wort gesagt! Das heißt nicht Hoden, sondern Eier!« Die Mutter musste ihm erklären, dass »Hoden« das richtige Wort ist, dass es aber auch Umgangs- und Schimpfwörter gibt. Das ist eine gute Gelegenheit zu erläutern, warum viele Leute Umgangs- oder Schimpfwörter benutzen oder den Genitalien Kosenamen geben, zum Beispiel, weil es manchen Leuten zu peinlich ist, in Anwesenheit anderer die korrekten Begriffe auszusprechen.

Vielleicht möchten Sie auch auf die Verwendung von Sexualwörtern zu sprechen kommen, die in abfälliger oder verletzender Weise benutzt werden, etwa darauf, dass in manchen Kulturen obszöne Bezeichnungen für die weiblichen Genitalien als allerschlimmste Beleidigung verwendet werden.

Sollten Kinder anstößige Begriffe gebrauchen, ist es am

besten, wenn ein Erwachsener, entweder ein Elternteil, Freund oder Lehrer, ihm in ruhigem Ton erklären kann, was das Wort bedeutet. Ob diese Ausdrucksweise zu Hause geduldet wird, hängt von den Einstellungen und Gewohnheiten der Eltern ab, aber es ist in jedem Fall sinnvoll hervorzuheben, dass manche Leute an solchen Wörtern Anstoß nehmen und es in manchen Situationen unangebracht ist, diese zu benutzen.

Mit Hemmungen zurechtkommen

Auch wenn es Ihnen vielleicht schwer fällt, unbefangen über Sex zu sprechen, sollten Sie es versuchen und Ihre Hemmungen überwinden und mit Ihren Kindern reden. Vielleicht ist es sinnvoll, zuerst zu üben, sei es mit Ihrem Partner oder einfach mit sich selbst. Das erste Mal ist am schwierigsten, aber mit etwas Übung geht es – wie alles – leichter!

Wenn Sie Hemmungen haben, geben Sie das am besten zu. Sagen Sie Ihrem Kind, wie Sie sich fühlen. Vielleicht ist es gut, einen Grund zu nennen, zum Beispiel: »Ich bin ein bisschen verlegen, weil meine Eltern nie mit mir über Sex gesprochen haben, aber ich möchte diese Dinge wirklich gerne mit dir besprechen.« So übernehmen Mütter oder Väter die Verantwortung für ihre Hemmungen. Die Botschaft, die sie damit geben, lautet, dass es ihr Problem ist, nicht das des Kindes.

Viele Leute fühlen sich unsicher, weil sie meinen, zu wenig Kenntnisse zu haben; deshalb sollten Sie über dieses Thema so viel lesen, wie Sie nur können, um mehr zu erfahren und auf mögliche Fragen besser vorbereitet zu sein. Es kann nützlich sein, Bücher zurate zu ziehen, die für Kinder geschrieben wurden, um nicht nur die sachlichen Informationen parat zu haben, sondern auch eine »Sprache«, die Sie gebrauchen können. Außerdem ist es sinnvoll, sich klar zu machen, welche anderen Informationen Ihr Kind durch Fernsehen, Zeitschriften oder Freunde bekommt, um auf heikle Fragen besser vorbereitet zu sein. Es ist durchaus sinnvoll, sich einige der Fernsehsendungen, die Ihre Kinder »unbedingt« ansehen müssen, anzuschauen und auch ihre Zeitschriften zu lesen.

Trotzdem ist niemand allwissend, und wenn Ihr Kind etwas fragt, was Sie nicht wissen oder schwer erklären können, dann sagen Sie es ihm am besten. Kinder merken schnell, wenn man ihnen keine ehrliche Antwort gibt, und sie werden nur verwirrt, wenn sie eine erfundene Geschichte hören. Geschichten wie die vom Klapperstorch sind weitaus irritierender als die Wahrheit!

Es ist immer gut, offene Fragen mit den Kindern zu lösen oder ihnen zu zeigen, wie sie geklärt werden können, sei es mithilfe eines Lexikons oder geeigneter Bücher aus der Stadt- oder Schulbücherei. Auch der Kontakt zu Beratungsstellen wie beispielsweise Mütter-Väter-Zentren ist oft aufschlussreich.

Fragen beantworten

Kinder werden unbefangen Fragen zum Thema Sexualität stellen, wenn Eltern immer wieder bereit sind, diese zu beantworten, und obendrein wiederholt die Gelegenheit für Gespräche anbieten, indem sie selbst über Sex reden.

Es kommt darauf an, Informationen klar und deutlich zu vermitteln und zwischen Fakten, Werten und Gefühlen zu unterscheiden, zum Beispiel:

FRAGE:	»Kann man mit 15 Sex haben?«
FAKT:	»Gesetzlich liegt das Alter der Sexualmündigkeit bei 16 Jahren, aber manche Leute haben schon vorher Sex.«
WERTVORSTELLUNG:	»Zum Geschlechtsverkehr sollte es nur in einer dauerhaften Beziehung kommen.«
GEFÜHLE:	»Ich wäre irgendwie beunruhigt, wenn du schon mit 15 Sex hättest.«

Im Gespräch lässt sich auch auf die vielen verschiedenen Wertvorstellungen hinweisen, die in unserer Gesellschaft gelten. Für Kinder ist es gut, von klein auf zu lernen, dass Menschen verschiedene Wertvorstellungen haben und dass sie die Einstellungen anderer respektieren sollten. Die Frage, ob Abtreibung richtig ist, kann beispielsweise folgendermaßen beantwortet werden: »Manche Leute meinen, dass die Entscheidung über eine Abtreibung nur Sache der Frau sein sollte, während andere dies für grundfalsch halten. Ich finde ...« Ehrliche und einfache Aussagen informieren am besten.

Viele Eltern sind besorgt, sie könnten zu früh zu viele Informationen geben. Wenn Kinder eine Frage stellen, sollten Sie diese ehrlich und einfach beantworten. Wenn Kinder mehr wissen wollen, werden sie weiterfragen. Es schadet aber auch nicht, allzu ausführliche Erklärungen zu geben, da Kinder nur so viel aufnehmen, wie sie wollen, und den Rest einfach überhören. Wenn ein Kind etwas nicht versteht, »schaltet« es ab oder fragt nach.

Als Erwachsene »befrachten« wir eine einfache kindliche Frage oder Bemerkung oft mit eigenen Gefühlen oder Vorstellungen zur Sexualität. Wenn sich ein Kind für Sex interessiert, denken wir als Erwachsene oft sofort an die Sexualität Erwachsener, wohingegen Kinder in der Regel einfach nur etwas erklärt haben wollen, was sie gehört haben oder versuchen, etwas für sie Unverständliches zu verstehen.

Da gibt es die schöne Geschichte von dem kleinen Jungen, der seinen Vater fragte: »Wo bin ich hergekommen?« Der Vater setzte sich hin und erklärte ihm des Langen und Breiten die menschliche Fortpflanzung. Als er endete, sagte der Junge: »Gut, das ist sehr interessant, aber ... Na ja, Andreas von nebenan kommt aus Hamburg, und ich wollte wissen, wo ich herkomme.« Fragt ein Kind, ob ein Hund und ein Mensch zusammen Sex haben können, fragt es in der Regel nicht nach Sodomie; es erkundigt sich wohl eher, ob es möglicherweise ein Geschöpf gibt, das halb Mensch, halb Hund ist!

Ungünstige Zeitpunkte

Manchmal stellen Kinder zu ungelegenen Zeitpunkten oder an ungünstigen Orten Fragen: im Supermarkt oder im Auto, wenn Sie auf den dichten Verkehr achten müssen. Wenn es für Sie ungelegen ist, in einer solchen Situation Fragen über Sexualität zu beantworten, dann sollten

»WAS IST DAS?«

Sie das sagen, zum Beispiel: »Ich habe jetzt keine Zeit, diese Frage zu beantworten; ich erkläre es dir, wenn wir zu Hause sind.« Oder: »Hier unter diesen vielen Leuten kann ich das nicht unbefangen beantworten, aber ich möchte später gerne darüber sprechen.«

Es ist aber sehr wichtig, dass Sie auf diese Frage dann auch wirklich zu sprechen kommen; andernfalls bekommt das Kind nach und nach den Eindruck, dass Sie diese Fragen nicht wirklich gerne mit ihm besprechen. Auch wenn Ihr Kind später kein großes Interesse mehr an der Antwort zeigt, kommt es darauf an, die Bereitschaft zu zeigen, mit ihm über Sexualität zu sprechen.

> Eines Tages ging ich mit meiner Fünfjährigen im hiesigen Bowlingclub zur Toilette. Als sie den Kondomautomaten sah, rief sie inmitten der anwesenden älteren Damen aus: »Was ist ein K O N D O M, Mami?«
> Mein Gott, war mir das peinlich.

Abklären, was genau Kinder wissen wollen

Kinder möchten in der Regel knappe Antworten auf ihre Fragen, und wenn Sie jedes Mal, sobald Ihre Kinder etwas fragen, ausschweifende Erklärungen geben, vergeht ihnen vielleicht die Lust zu fragen. Trotzdem sollten sich Eltern überlegen, ob irgendetwas »hinter« der Frage des Kindes steckt.

Wenn Kinder Fragen stellen, die unklar sind oder gar beunruhigend, dann kann man nachhaken, ohne das Gefühl zu vermitteln, dass sie etwas Falsches gefragt haben.

Die Frage »Ist es gut, wenn eine 15-jährige ein Baby bekommt?« kann beispielsweise die einfache Frage eines neugierigen Kindes sein, aber es kann auch bedeuten, dass es eine 15-jährige kennt, die schwanger ist oder jemanden über Teenagerschwangerschaften reden hörte.

Wenn ein Kind eine sehr komplizierte oder herausfordernde Frage stellt und Sie nicht sicher sind, wie Sie diese beantworten sollen, fragen Sie das Kind, was es wohl für die richtige Antwort hält oder was es darüber schon gehört hat. Dadurch erhalten Sie einen Eindruck von dem, was das Kind bereits weiß, und Sie können darauf mit der angemessenen Information aufbauen. Außerdem bleiben Ihnen ein paar Minuten Zeit, um darüber nachzudenken, wie Sie die Frage am besten beantworten.

Was man wann sagen soll

Weil Kinder nicht alles über Sexualität auf einmal lernen können, muss man ihnen nach und nach und im geeigneten Alter Informationen geben. Die Information muss beim Älterwerden des Kindes wiederholt, bestärkt und ausgebaut werden, so, wie der Unterrichtsstoff in der Schule wiederholt, geübt und ergänzt wird. Die Bedeutung der Wiederholung dieser Informationen wurde uns klar, als ein Zwölfjähriger fragte: »Wann fangen Mädchen an, Spermien zu produzieren?« Ein anderes Beispiel war, als ein großer Kollege mit Bart nach dem Sexualkundeunterricht gefragt wurde: »Haben Sie die Pubertät schon hinter sich?«

Jedes Kind ist verschieden, deshalb werden Umfang und Art der Informationen, die es braucht, unterschiedlich sein. Und außerdem hat jeder Erwachsene seine eigenen Einstellungen, Wertvorstellungen und ein individuelles Maß an Unbefangenheit, die miteinander die Art und den Zeitpunkt der Erziehung beeinflussen.

Die folgende Liste bietet Anhaltspunkte, die Sie nach eigenem Ermessen nutzen können. Sie wissen am besten, was Ihr Kind wissen muss und wann ihm oder ihr etwas gesagt werden sollte.

Frühe Kindheit und Vorschulzeit

Das erste, was Kinder lernen sollten, sind die Bezeichnungen der äußeren Geschlechtsorgane und die Unterschiede zwischen Jungen und Mädchen. Bis sie in die Schule kommen, sollten sie wissen, was Geschlechtsverkehr ist: dass Spermien des Vaters auf eine Eizelle der Mutter treffen und dass dann ein Baby in der Gebärmutter, im Uterus, heranwächst. Es ist sinnvoll, zwischen dem »Bauch« der Mutter und dem Uterus zu unterscheiden; andernfalls finden Kinder es etwas verwirrend, da sie doch wissen, dass das Essen in den »Bauch« gelangt.

Außerdem ist es gut, wenn sie wissen, dass Geschlechtsverkehr nicht nur der Zeugung von Babys dient, sondern Teil einer Liebesbeziehung (aber nur zwischen Erwachsenen) ist. Das gibt Kindern die Botschaft, dass Sex normal und schön ist und nicht nur etwas, was Leute tun, wenn sie ein Baby haben wollen. In diesem Alter sollten sie

auch wissen, dass sie selbst später Erwachsene werden und dass sich ihr Körper verändern wird, wenn sie größer werden.

> Mein Bruder und ich sahen eine schwangere Frau und versuchten uns vorzustellen, wie das Baby herauskommen würde. Er meinte, die einzige Möglichkeit sei durch den Bauchnabel, aber das Baby müsste klein und äußerst biegsam sein, um da herauszukommen.

Die Kinder sollten außerdem Bescheid wissen über:

- die Geburt, in einfachen Worten
- die Geschlechtsteile und die Körperteile, die jeder sehen darf
- Selbstbefriedigung als akzeptable, aber intime Sache
- die Körperhygiene, besonders der Geschlechtsteile

Anfang und Mitte der Grundschulzeit

Wenn Kinder in die Grundschule kommen, können Sie bereits andere Themen ansprechen, wie zum Beispiel:

- die unterschiedlichen Wertvorstellungen, die Menschen mit Geschlechtsverkehr und sexuellen Handlungen verbinden
- die Pflege des Körpers, mit Hinweis auf Ernährung, Fitness und Hygiene

»KANN ICH AUCH EIN BABY BEKOMMEN?«

- die gefühlsmäßigen und körperlichen Veränderungen, die sie in der Pubertät erfahren werden
- ihre Rechte hinsichtlich ihres Körpers
- die Namen und Funktionen der Fortpflanzungsorgane
- verschiedene Familienkonstellationen und Rollen innerhalb der Familie
- dass die meisten Menschen heterosexuell, manche aber homosexuell sind und was das bedeutet
- an wen man sich wenden kann, wenn man Hilfe braucht, wie zum Beispiel die Eltern, Lehrer und Beratungseinrichtungen
- Grundlegendes über Empfängnisverhütung
- Klischees des sexuellen Rollenverhaltens

Es ist wichtig, dass Sie mit Ihren Kindern über die Pubertät sprechen, lange bevor sie beginnt. Wenn Kinder über die Veränderungen Bescheid wissen, bevor sie diese erleben, werden sie sich sicherer fühlen und weniger verängstigt oder beunruhigt sein, wenn diese Veränderungen eintreten. Jungen brauchen genauso viele Informationen über das Heranwachsen wie Mädchen.

> Ich war hochschwanger mit meinem zweiten Kind, als unsere Katze ihre Jungen in einer Apfelkiste warf, die wir dafür vorbereitet hatten. Unser dreijähriger Sohn, der dabei zusah, drehte sich um und fragte: »Warum kannst du dein Baby nicht auch in einer Kiste bekommen?«

Ende der Grundschulzeit und Beginn der weiterführenden Schulen

Wenn Kinder älter werden, können alle früher gegebenen Erläuterungen ergänzt und noch einmal besprochen werden, vor allem die Veränderungen in der Pubertät, Schwangerschaft, Geburt und die Art und Weise, wie man sich selbst abgrenzt. Zu den weiteren Themen, die man mit Kindern ab etwa zehn Jahren besprechen kann, gehören:

- verantwortungsvolle Entscheidungen im sexuellen Bereich
- der Einfluss des Gruppenzwangs durch Gleichaltrige und wie man sich behaupten kann
- verschiedene Einstellungen und Wertvorstellungen zum Thema Sexualität
- Teenagerschwangerschaften und Lösungsmöglichkeiten
- sexuelle Praktiken außer dem Geschlechtsverkehr
- eingehendere Informationen über Empfängnisverhütung
- Gesundheit und Selbstschutz
- sexuell übertragbare Krankheiten, beispielsweise HIV/AIDS, und Methoden des »safer sex«
- die Botschaften der Medien hinsichtlich Sexualität und Schönheitsidealen
- männliche und weibliche Rollen und wie sich diese verändern

Einige dieser Themen werden vielleicht im Sexualkundeunterricht der Schule behandelt. Falls dies der Fall ist, können die dort besprochenen Themen in Gesprächen zu Hause ergänzt werden.

Wenn Kinder in die Pubertät kommen, sprechen sie über diese Dinge oft ungern mit ihren Eltern, und wenn Eltern diese Themen angehen möchten, erhalten sie möglicherweise folgende Antworten:

»Ich weiß das doch alles schon.«

»Ich will darüber jetzt nicht reden.«

»Es ist alles in Ordnung.«

Manchmal ist im Gespräch mit älteren Kindern nur ein weniger direkter Weg möglich. Nachfolgend ein paar Aufhänger für Gespräche:

- »Als ich so alt war wie du, habe ich meine erste Periode bekommen ...«
- »Als ich so alt war wie du, habe ich mich wirklich sehr darauf gefreut, mich bald rasieren zu können/allein ausgehen zu können/mich zu schminken ...«
- »Meine Mutter wollte nicht, dass ich mich schminke, wie es alle meine Freundinnen taten ...«

Ein anderer Einstieg für Eltern, die noch Schwierigkeiten haben:

- »Ich möchte gerne eine gute Mutter sein, und ich denke, dass es wirklich wichtig ist, mit dir über die Pubertät zu reden. Bist du so nett und hörst mir zu?« (Allerdings kann man damit auch auf Ablehnung stoßen.)

Pubertierenden Kindern ist es immer lieber, wenn sich das Gespräch nicht um sie persönlich dreht. Bei unserer Arbeit in den Schulen mit Kindern dieser Altersstufe haben wir die Erfahrung gemacht, dass Kinder, die körperlich noch nicht so weit entwickelt sind, die meisten Fragen stellen, da sie der ganzen Sache noch recht unvoreingenommen gegenüberstehen. Schon weiter entwickelte Kinder kommen oft nach der Stunde zu uns und stellen ihre Fragen lieber vertraulich.

Die Pubertät und Jugendzeit werden später noch eingehend behandelt.

Die Gelegenheiten nutzen

Nutzen Sie die Gelegenheit, wenn Ihr Kind Fragen stellt, um Einstellungen und Wertvorstellungen – Ihre und die Ihres Kindes – zu diskutieren. Die Möglichkeit, ihre Meinungen in einer geborgenen Umgebung ausdrücken zu können (in der ihnen nicht gesagt wird, dass sie sich irren oder dumm sind), gibt Kindern das Gefühl, geachtet zu werden, und stärkt ihr Selbstvertrauen. Zudem ist es eine wunderbare Möglichkeit, sich mitzuteilen und zu lernen, Entscheidungen zu treffen.

Sie können und sollen Ihrem Kind sagen, wie Sie zu bestimmten Dingen stehen. Das sollte jedoch in einer Weise geschehen, die Ihr Kind nicht entmutigt, erneut auf Sie zuzukommen und andere Themen mit Ihnen zu besprechen.

Gesprächsbereitschaft fördern:

Ihre dreizehnjährige Tochter kommt nach Hause und erzählt, dass ihre beste Freundin schon Sex hat. Verschiedene Eltern werden dazu ganz unterschiedliche Haltungen einnehmen. Es kann sein, dass die einen das nicht sonderlich beunruhigt. Andere beunruhigt es hingegen sehr. Sie können auf diese Mitteilung reagieren, indem Sie mit lauter Stimme sagen:

»Das finde ich entsetzlich. Ich will nicht, dass du noch weiter mit diesem Mädchen etwas zu tun hast.«

oder

»Was meinst du dazu? Ich finde es wirklich Besorgnis erregend, wenn Jungen und Mädchen schon in diesem Alter sexuell aktiv werden, weil...«

Dann könnten Sie auf Dinge wie gefühlsmäßige Unreife, gesetzliche Volljährigkeit, die Gefahr, sich mit sexuell übertragbaren Krankheiten anzustecken, unerwünschte Schwangerschaften und Methoden des »safer sex« usw. zu sprechen kommen.

Die zweite Reaktion bietet die Gelegenheit, Ihrer Tochter deutlich zu erkennen zu geben, wie Sie dazu stehen, aber in einer Weise, die sie ermuntert, mit Ihnen weiterhin solche Dinge zu besprechen. Ihr Kind wird Ihre Wertvorstellungen eher akzeptieren und annehmen, wenn Sie ihm erklären, aus welchen Gründen Sie zu diesen bestimmten Werten stehen und ob Sie an diesen unbeirrbar festhalten. Aber machen Sie aus Ihren Antworten keine Vorträge. Denn das ist etwas, was Kinder, vor allem Teenager, absolut nicht leiden können! Über Sexualität zu sprechen bedeutet nicht, nur Informationen und Fakten weiterzugeben; es bedeutet darüber hinaus, zuzuhören, zu diskutieren, zu bestärken und wünschenswertes Verhalten durch eigenes Handeln vorzuleben.

Die Sexualität von Kindern 4

Kinder sind sexuelle Wesen. Sogar schon vor der Geburt haben männliche Babys Erektionen, und die Scheide eines weiblichen Babys wird gelegentlich feucht. Diese und ähnliche Erscheinungen treten während der gesamten Kindheit und Jugendzeit auf.

Die Aussage, dass Kinder sexuelle Wesen sind, ist sehr umstritten und kann gemischte Gefühle hervorrufen; sie wird von manchen Erwachsenen sogar als Ungeheuerlichkeit empfunden. Sex und Sexualität gelten bei vielen Leuten nach wie vor als Tabu- oder zumindest heikles Thema. Der Wunsch, die Kinder unwissend zu lassen in dem Glauben, sie blieben dadurch unschuldig, kann stark sein. Doch das Gegenteil ist wahr: Wissen über Sexualität bestärkt Kinder und hilft ihnen, ihre Unschuld zu *bewahren*.

Es ist wichtig, sich der kindlichen Sexualität bewusst zu sein. Das hilft Ihnen, das sexuelle Verhalten von Kindern zu akzeptieren, und ermöglicht Ihnen, die Sexualität zu einem Thema offener Gespräche zu machen. Wenn man zum Beispiel zwei kleine Kinder dabei überrascht, wie sie ihre Genitalien erkunden, bietet dies eine ideale Gelegenheit, darüber zu sprechen, welche Körperteile Geschlechtsteile sind und welche nicht und wer die Geschlechtsteile eines anderen Menschen sehen und berühren darf.

Viele Eltern betrachten kindliches Sexualverhalten aus der Sicht Erwachsener. Erwachsene gehen manchmal davon aus, dass frühkindliche Doktorspiele und das kindliche Sexualverhalten von den gleichen Gefühlen geprägt sind, die das Sexualverhalten Erwachsener bestimmen.

Bei einem Informationsabend für Eltern gab uns eine Mutter dafür ein ausgezeichnetes Beispiel. Sie platzte herein, als ihr Sohn und ihre Tochter, etwa 5 und 7 Jahre alt, gemeinsam badeten. Ihr Sohn lag auf ihrer Tochter und hatte den Mund an ihrer Brustwarze. Gedanken rasten der Mutter durch den Kopf: Wer hatte ihnen so etwas beigebracht, was hatten sie gesehen oder getan, was würden sie wohl als Nächstes tun? Glücklicherweise geriet sie nicht in Panik. Sie atmete tief durch und fragte, um eine ruhige Stimme bemüht, was sie denn spielen würden. Die Antwort? »Ich bin die Mutter, und er ist das Baby, er darf bei mir Milch trinken, so wie Tante Jane ihr Baby füttert!« Alles ganz harmlos.

In diesem Kapitel behandeln wir das übliche Muster der kindlichen Sexualentwicklung und die Dinge, über die sich Eltern im Allgemeinen Sorgen machen, darunter Sexspiele, Selbstbefriedigung, Exhibitionismus, Gebrauch obszöner Begriffe und sexueller Missbrauch.

Entwicklungsphasen

Im Einzelnen sieht das »normale« Sexualverhalten bei jedem Kind anders aus. Das Verhalten der Kinder wird durch viele Faktoren beeinflusst, zum Beispiel durch die Familienkonstellation und Beziehungen innerhalb der Familie, den kulturellen Hintergrund, Kontakte mit anderen Kindern, die Berieselung durch Fernsehen und Videos und die Persönlichkeit des Kindes. Dennoch ist es möglich, gemeinsame Verhaltensmuster zu erkennen und das etwaige Alter, in dem diese Verhaltensweisen zumeist auftreten, festzulegen.

Geburt bis 18 Monate

Babys reagieren sehr stark auf Berührungen und empfinden durch Saugen Wohlbehagen und sinnliche Lust. Sie erforschen gewöhnlich alle ihre Körperteile, sobald sie sich ihrer selbst bewusst werden. Die Genitalien besitzen viele Nervenenden, deshalb ist es nur natürlich, diese Körperteile zu berühren. Infolge dieser Berührungen können männliche Babys Erektionen haben und die Scheiden von Mädchen feucht werden. Einen Samenerguss bekommen Jungen aber erst mit Beginn der Pubertät; trotzdem können Kinder dieses Alters Gefühle haben, die einem Orgasmus ähnlich sind, wenn nicht sogar wirkliche Orgasmen sind.

Bereits in diesem Alter schnappen Kinder durch die Reaktionen und das Verhalten anderer positive und negative Botschaften über ihre Sexualität und ihr Geschlecht auf. Kinder beginnen vielleicht, das Verhalten des gleichgeschlechtlichen Elternteils oder gleichgeschlechtlicher Verwandten nachzuahmen.

18 Monate bis 3 Jahre

Mit ihrer wachsenden Mobilität fangen Kinder an, ihre nächste Umwelt zu erkunden und mehr Interesse an anderen zu entwickeln. Sie interessieren sich besonders für die menschlichen Ausscheidungen und fangen an, Neugier für die Körper anderer zu zeigen. Sie versuchen diese Neugier zu befriedigen, indem sie andere anschauen oder berühren. Ein zweijähriges Kind weiß in der Regel, welches Geschlecht sie oder er hat, und mit etwa 3 Jahren ist die Identifikation mit dem Geschlecht festgelegt. Das heißt, die Kinder wissen genau, ob sie ein Mädchen oder ein Junge sind. Sie kennen wahrscheinlich die grundlegenden körperlichen Unterschiede zwischen Frauen und Männern und haben Verhaltensweisen gelernt, die von ihrem Geschlecht erwartet werden. Mit 3 Jahren stellen manche Kinder Fragen über die Unterschiede zwischen den Geschlechtern und die Herkunft von Babys und sind normalerweise mit ganz einfachen Antworten zufrieden. Selbstbefriedigung ist in diesem Alter ganz normal.

3 bis 5 Jahre

In diesen Jahren nehmen die Sprachbeherrschung und die sozialen Kontakte der Kinder zu, ihre Neugier wächst ebenfalls. Häufig werden Sexspiele bevorzugt wie »Mutter und Vater«, »Doktor spielen«, »Zeig mir deins« und andere dem Entdeckungsdrang entsprechende Spiele. Kinder haben zunehmend Spaß an der »Fäkaliensprache« und fangen vielleicht an, ein paar obszöne Wörter zu lernen. Das Interesse an Schwangerschaft und Geburt ist in der Regel groß, und viele beginnen, dazu Fragen zu stellen. Zugleich sind sie am menschlichen Körper und seinem Funktionieren interessiert. Das ist ein sehr günstiger Zeitpunkt, um zu erläutern, wie Babys gezeugt werden, wie die Körperteile heißen und welche Aufgaben sie erfüllen und wie man seinen Körper pflegt und schützt. Kinder dieses Alters lassen sich jedoch leicht verwirren und verstehen Ihre ersten Erklärungen vielleicht nicht immer, deshalb sind Wiederholungen notwendig. Mit etwa 5 Jahren wissen die meisten Kinder, dass es sich nicht gehört, sich in Anwesenheit anderer selbst zu befriedigen, doch bei manchen Kindern muss dies freundlich betont werden.

> Mein Vierjähriger pflegt einen jeden Besucher – Verwandte wie Freunde – mit der Frage zu begrüßen:
> »Hast du einen Penis oder eine Vagina?«

5 bis 10 Jahre (oder bis zum Beginn der Pubertät)

Während der Grundschulzeit haben Kinder hauptsächlich Freunde des gleichen Geschlechts. Dennoch necken sie Andersgeschlechtliche und geben voreinander an. Sexspiele und Exhibitionismus werden zu Hause fortgeführt, manchmal auch in der Schule, im Pausenhof oder in den Toiletten.

Manchmal kommt es zu sexuellen Erkundungen mit gleichgeschlechtlichen Freunden, doch das hat keinerlei Auswirkung auf die sexuelle Orientierung im späteren Leben. Kinder von 6 oder 7 Jahren haben unter Umständen gelernt, dass es »unanständig« sei, über Sex zu sprechen, und vielleicht erzählen sie sich gegenseitig Geschichten über Sex und kichern zusammen.

Manche stellen weiterhin Fragen über Sexualität, manche nicht, je nachdem, ob sie das Gefühl bekommen haben, dass dieses Thema Verlegenheit hervorruft. Manchmal zeigen sie den Wunsch nach einer eigenen Intimsphäre und haben Hemmungen, wenn sie nackt gesehen werden.

Eines Nachmittags, als ich meine Tochter abholen wollte, nahm mich ihre Vorschulerzieherin auf die Seite. Die Erzieherin hatte gesehen, dass sie und ihre Freundin zusammengefaltete Lagen Toilettenpapier in ihre Unterhosen taten. Als die Erzieherin sie fragte, was sie da täten, antworteten sie: »Wir haben die Periode – genau wie Mami.«

Mit 8 oder 9 Jahren nimmt ihr Interesse an Sexualität zu, und sie flüstern und kichern zusammen mit ihren Freunden. Sie beginnen vielleicht, anstößige Sexwörter zu benutzen, sie erzählen Witze über Sex und andere zeigen besonderes Interesse an Bildern mit Nacktdarstellungen. Die Identifikation mit ihrem Geschlecht entwickelt sich weiter, und dies kann mitunter die Art ihrer Aktivitäten und die Sportarten beeinflussen, die sie ausüben wollen.

Gegen Ende dieser Altersstufe beginnen Freundschaften eine immer stärkere Rolle zu spielen, und manche Kinder, vor allem Mädchen, brauchen eine »beste Freundin«. Jungen haben ein oder ein paar gute Freunde, spielen aber in der Regel in größeren Gruppen. Jetzt ist ein günstiger Zeitpunkt, mit Ihren Kindern Fragen zu Beziehungen und Gefühlen anzusprechen und eigene Einstellungen, Wertvorstellungen und Gedanken einzubringen. Statt Vorträge zu halten, kommt es darauf an, Ansichten anzuhören und positiv zu reagieren.

Weit verbreitete Sorgen

Zu den verbreitetsten Sorgen, die Eltern kleiner Kindern haben, gehört die Frage, wie sie auf Sexspiele, Exhibitionismus, Selbstbefriedigung und obszöne Ausdrucksweisen reagieren sollen und Kindern selbstschützendes Verhalten beibringen können (das Missbrauch und Ausbeutung vorbeugt). »Was ist normal?«, »Wie soll ich reagieren?«, »Was soll ich sagen?«, »Wie kann ich das unterbinden?«, »Wann sind Sexspiele nicht in Ordnung?«, »Wie kann ich ihnen helfen, sich selbst zu schützen?« – das alles sind oft gestellte Fragen.

Kindliche Sexspiele

Für Kinder sind Sexspiele völlig normal, manche Kinder spielen sogar Geschlechtsverkehr. Das bedeutet aber nicht, dass sie vorzeitig sexuell aktiv werden. Kindliche Sexspiele und Erkundungen sind gesunde Zeichen ihrer Neugier. Kinder wollen über ihren eigenen Körper und den anderer Leute Bescheid wissen und erfahren, wie Babys gezeugt werden. Ihr Entdeckungsdrang ist weitgehend auf das »Herausfinden von Tatsachen« ausgerichtet, und obwohl sie nicht wie Erwachsene von sexuellem Begehren dazu veranlasst werden, empfinden sie Lust, wenn sie sich gegenseitig berühren.

Es ist wichtig, dass Sie Ihr Kind nicht für seine Neugier bestrafen. Das kann nämlich dazu führen, dass es verstört wird und sich schuldig fühlt, und legt nahe, dass das Interesse am eigenen Körper oder an sexuellen Handlungen falsch und unanständig sei. Aber Kinder müssen lernen, welches Verhalten angebracht ist und welches nicht. Vielleicht ziehen Sie es vor, über bestimmte Verhaltensweisen im Moment hinwegzusehen, aber Sie sollten später darauf zu sprechen kommen. Oder aber Sie nehmen das Spiel als das, was es ist, und sagen beispielsweise »Was hast du daraus gelernt?« oder »Es ist interessant zu sehen, wie die Körper anderer Menschen aussehen, nicht wahr?«. Angesprochen werden sollten die Möglichkeiten, sich selbst vor Belästigungen zu schützen, die Intimsphäre, das Setzen von Grenzen, das Recht auf den eigenen Körper und die notwendige Zustimmung bei Berührungen durch andere.

Doch diese Themen müssen immer wieder diskutiert werden, und dabei können Ihnen Bücher über Sexualität hilfreich sein, die für Kinder geschrieben wurden. Gemeinsames Lesen, Bilder anschauen und ein Gespräch über die körperlichen Unterschiede werden helfen, die Wissbegierde Ihres Kindes zu befriedigen und es ermuntern, mit seinen Fragen zu Ihnen zu kommen, anstatt sich die Informationen anderweitig zu besorgen.

Grenzen sexueller Spiele

Eltern sollten eingreifen, wenn Sexspiele aggressiv sind, wenn ein Kind gezwungen oder genötigt wird, wenn ein Kind wesentlich älter ist als das andere oder wenn das Spiel körperlich schädlich oder gefährlich ist. Es ist wichtig, beim Eingreifen gelassen und ruhig zu bleiben. Die meisten Kinder werden verstehen, warum manche Dinge unangebracht sind, wenn man ihnen ehrliche, einfache Erklärungen gibt, beispielsweise: »Dein Körper gehört dir, und du hast das Recht zu sagen, was du gut findest und was nicht.«

Selbstbefriedigung

Selbstbefriedigung bedeutet, sich selbst so zu berühren, dass man dadurch sexuelle Lust oder Befriedigung empfindet. Bei erwachsenen Männern kann es dabei zu einem Samenerguss kommen, und für Menschen beiderlei Geschlechts ist es in der Regel nach der Pubertät mit Phantasien und sexuellem Begehren verbunden. Die Mehrheit der Menschen befriedigt sich selbst, Männer wie Frauen, Kinder wie Erwachsene. Manche tun es nur gelegentlich oder in bestimmten Lebensphasen, während es andere regelmäßig tun. Für viele Kinder ist es ein Erlebnis, das zu Wohlbehagen und Entspannung führt.

> Ich war über meine etwa sechsjährige Tochter ein wenig beunruhigt. Jedes Mal, wenn sie vor dem Fernseher saß, befriedigte sie sich selbst, deshalb beschloss ich, sie in einem freundlichen Gespräch darauf hinzuweisen, dass sie dies nur tun sollte, wenn sie alleine ist. Um das Thema anzuschneiden, fragte ich sie: »Fühlt sich das gut an?« Woraufhin sie antwortete: »Wirklich, Mami, du solltest das auch mal ausprobieren.«

Wie bei Sexspielen vermittelt das Bestrafen oder Ausschimpfen eines Kindes, das sich selbst befriedigt, negative Botschaften über die Sexualität. Das Kind wird es wahrscheinlich weiterhin tun, nur heimlich und begleitet von Schuld- und Schamgefühlen. Wer sein Kind bei der Selbstbefriedigung überrascht, sollte am besten zunächst darüber hinwegsehen. Vielleicht sind manche Eltern unbefangen genug, auf dieses Tun mit Worten wie »Das tut gut, nicht?« zu reagieren. Mit der Selbstbefriedigung in Anwesenheit anderer hören Kinder in der Regel von 4 oder 5 Jahren auf.

Wenn sie es weiterhin tun, kann das eine Reaktion auf Stress oder – häufiger – auf Müdigkeit sein. Dann ist es vielleicht nötig, freundlich darauf hinzuweisen, dass Selbstbefriedigung eine ganz intime Angelegenheit ist. Sobald Kinder sich um eine eigene Intimsphäre bemühen, sollten Eltern diese auch respektieren. Wegen der Infektions- und Verletzungsgefahr ist es möglicherweise notwendig, kleine Mädchen darauf hinzuweisen, dass es gefährlich ist, sich Fremdkörper in die Scheide zu stecken.

Obszöne Ausdrücke und Sexwitze

Wenn Kinder in die Pubertät kommen, gebrauchen sie oft verstärkt obszöne Begriffe und erzählen sich zweideutige Witze. Im Allgemeinen ist das eine harmlose Art, das wachsende sexuelle Interesse zu bekunden oder mit ihrer neu entdeckten Reife und Überlegenheit zu prahlen. Das geschieht meist im Beisein ihrer Freunde, aber vielleicht versuchen sie gelegentlich, ihre Grenzen auszuloten, indem sie obszöne Wörter gebrauchen oder einem Lehrer oder Elternteil einen Witz erzählen, bei dem es um Sex geht. Dieses Verhalten hilft jungen Leuten wahrscheinlich, sich selbst erwachsener und sich ihrer Clique zugehörig zu fühlen.

Am besten ignoriert man dies; wenn es jedoch zu weit geht, können Richtlinien aufgestellt werden, so zum Beispiel, dass Redensweisen wie diese nur unter Gleichaltrigen verwendet werden dürfen. Eltern sollten sich allerdings bewusst machen, dass die Sprache, die sie selbst gebrauchen, von ihren Kindern häufig übernommen wird. Es hat keinen Sinn, von Kindern zu erwarten, dass sie sich in einer bestimmten Weise benehmen, während Sie sich in deren Anwesenheit ganz anders verhalten.

Manchmal ist der Gebrauch obszöner Wörter oder das Beschmieren von Wänden und öffentlichen Einrichtungen mit solchen Wörtern Ausdruck von Wut. Es ist wichtig, Kindern klar zu machen, dass sie ihrer Wut nicht mit dem Geschmiere provokativer sexueller Wörter an öffentlichen Wänden entkommen, dass ihre Wut nichts mit Sexualität zu tun hat. Kinder sollten lernen, Situationen, die sie wütend machen, zu vermeiden, und wenn sie das nicht können, ihren Ärger in geeigneter Weise zum Ausdruck zu bringen, beispielsweise über ihre Gefühle zu sprechen und Aussagen zu machen wie »Ich mag es nicht, wenn ...«, »Es macht mich so wütend, wenn ...«. Damit wird ihnen ermöglicht, sich auf ihre eigenen Gefühle zu konzentrieren (diese zu verstehen und zu kanalisieren), anstatt andere Leute oder Umstände verantwortlich zu machen, auf die sie keinen Einfluss haben.

Geschlechterrollen im Spiel

Kleine Kinder verkleiden sich mit Begeisterung und spielen ihre Geschichten und Phantasien durch. Manche Eltern machen sich Sorgen, wenn ihre Kinder Verhaltensweisen zeigen, die im Allgemeinen dem anderen Geschlecht zugeschrieben werden, so, wenn Jungen gerne Kleider anziehen oder mit Puppen spielen und Mädchen Kriegsspiele und Superhelden lieben. Im Allgemeinen ist das einer gesunden und kreativen Phantasie zuzuschreiben und kein

Grund zur Beunruhigung; Kinder sollten ermutigt werden, sich mit unterschiedlichsten Arten von Spielen zu befassen.

Wenn sie allerdings auf Dauer eine andere Geschlechterrolle annehmen und wenig Interesse an anderen Spielen zeigen, könnte das bedeuten, dass sie sich ihrer selbst nicht sicher sind. Vielleicht glauben sie, dass ihr Geschlecht in der Familie nicht geachtet wird, oder sie sind sich über ihre Rolle innerhalb der Familie im Unklaren. Dies geschieht des Öfteren, wenn ein Kind gleich nach der Trennung der Eltern bei nur einem Elternteil lebt oder nach einer anderen Familienkrise. Nach einer Scheidung sollten Eltern darauf achten, den früheren Partner nicht im Beisein der Kinder schlechtzumachen. Wahrscheinlich reicht es aus, ein wenig mehr an Zeit mit dem Kind zu verbringen und ihr oder ihm Zuneigung zu zeigen und zu versichern, dass sie oder er geliebt wird.

Sexueller Missbrauch

Sexueller Missbrauch von Kindern liegt vor, wenn ein Erwachsener oder eine ältere Person ein Kind benutzt, um seine oder ihre sexuellen Bedürfnisse zu befriedigen. Dazu kann das Berühren der Genitalien des Kindes gehören, die Umarmung eines Kindes zur eigenen sexuellen Lust, eigennütziges Streicheln, der Zwang, die Genitalien der älteren Person zu berühren, Geschlechtsverkehr, Analverkehr oder oraler Sex. Unter Umständen gehören dazu auch Exhibitionismus oder das Beobachten von Kindern beim Ausziehen, unangemessene sexuelle Bemerkungen, Kindern pornographisches Material zeigen oder Kinder zur Produktion pornographischen Materials benutzen. Selbst wenn Kinder nicht direkt gezwungen werden, handelt es sich dennoch um sexuellen Missbrauch.

Die Täterin oder der Täter nutzt häufig ihre oder seine Machtstellung gegenüber dem Kind aus und droht ihm, besticht es oder lässt das Kind schwören, die Sache geheim zu halten. Außerdem ist das Kind im Allgemeinen wegen seiner Schuldgefühle nicht geneigt, jemandem davon zu berichten.

Sexueller Missbrauch von Kindern

Es wird geschätzt, dass jedes vierte Mädchen und jeder achte Junge vor Erreichen des 18. Lebensjahres sexuell missbraucht wird.

In über 85 Prozent der Fälle sexuellen Missbrauchs kennt das Kind den Täter, und ein großer Prozentsatz der Täter hat eine enge Beziehung zu dem Kind.

Sexueller Missbrauch kommt in allen gesellschaftlichen, kulturellen, religiösen und wirtschaftlichen Schichten vor und wird an Kindern aller Altersstufen verübt.

Sexueller Missbrauch sollte nicht mit Ausdrucksformen der Zuneigung oder ausgelassenen Spielen verwechselt werden. Diese sind nämlich für das gesunde Heranwachsen und die Entwicklung eines Kindes notwendig.

Missbrauchstäter können Eltern, Stiefeltern oder Pflegeeltern, Verwandte, Nachbarn oder Freunde der Familie sein; das heißt Leute, die die Kinder kennen und denen sie vertrauen. Das straft die Annahme und die Gewohnheit Lügen, Kinder vor »bösen Fremden« zu warnen. Das ist einfach nicht genug. Die Mehrheit der Missbrauchstäter sind Männer, wobei der Vater-Tochter-Inzest am häufigsten vorkommt; aber es gibt auch sexuellen Missbrauch durch Frauen und an Jungen.

Sexueller Missbrauch von Kindern ist selten ein einmaliges Geschehen und wird oft über viele Jahre hinweg verübt. Viele Kinder, die sexuell missbraucht wurden, erzählen es niemandem. Oft haben sie zu wenig Kenntnisse oder sind nicht in der Lage, dieses Erlebnis jemandem mitzuteilen, oder sie denken, dass ihnen niemand glauben werde oder dass sie bestraft würden.

Wann es Anlass zur Beunruhigung gibt

Den einzig eindeutigen Beweis dafür, dass und von wem ein Kind sexuell missbraucht wurde, können Zeugen der Tat erbringen. Doch auch andere Signale können auf sexuellen Missbrauch verweisen. Zu ihnen gehört, dass das Kind:

- offen oder frühzeitig sexuelles Verhalten zeigt
- andere Kinder zu Sexspielen zwingt
- sich ständig selbst befriedigt oder ganz wild auf Informationen über Sex ist
- Dinge über Sex weiß, die ein Kind seines Alters normalerweise nicht weiß

- sexuelle Hinweise in Zeichnungen und andere künstlerische Werke einfließen lässt
- sich abkapselt oder auffällig zerstörerisches Verhalten zeigt
- körperlichem Kontakt ausweicht
- Verunsicherung oder Angst vor Erwachsenen zeigt
- körperliche Anzeichen wie ungewöhnlichen Ausfluss, Rötungen, Blutergüsse oder Blutungen aus oder um den Genitalbereich vorweist

Ist einer dieser Punkte festzustellen, ist das nicht notwendigerweise ein Hinweis auf sexuellen Missbrauch; wenn aber mehrere dieser Hinweise erkennbar sind, könnte es Anlass zur Beunruhigung geben und möglicherweise weitere Nachforschungen erforderlich machen. Auf alle Fälle sollte auch nach anderen Erklärungen für diese Auffälligkeiten gesucht werden. So wird zum Beispiel in manchen Familien mit den Kindern äußerst offen über sexuelle Dinge gesprochen, und deshalb haben diese Kinder Kenntnisse, die manchem vielleicht als weit über ihr Alter hinausgehend erscheinen mögen. Kinder, die ältere Geschwister haben, werden notgedrungen manchmal Gesprächen über Sex, Videofilmen oder Fernsehsendungen ausgesetzt, die eigentlich für ältere Kinder gedacht sind. Gelegentlich überraschen Kinder unabsichtlich ihre Eltern, wenn diese Videofilme für Erwachsene ansehen oder Sex haben. Dinge nachzuspielen, mit denen sie konfrontiert wurden, ist oft ihre Art und Weise, mit der sie diese zu verstehen versuchen.

Was zu tun ist, wenn der Verdacht sexuellen Missbrauchs besteht

Wenn Ihr Kind oder ein fremdes über irgendeine Form sexuellen Missbrauchs berichtet, sollten Sie dies ernst nehmen. Meistens sind solche Bekenntnisse zutreffend, und Lügen werden erst später ausgedacht. Hören Sie sich an, was das Kind zu sagen hat, und versuchen Sie, nicht entsetzt zu erscheinen oder dem Kind Vorwürfe zu machen. Sie oder er hat wahrscheinlich Schwierigkeiten, über das, was vorgefallen ist, zu sprechen; deshalb sollten Sie versuchen, geduldig zuzuhören und dem Kind zu versichern, dass es richtig ist, das Vorgefallene mitzuteilen, und dass es keine Schuld trägt.

Sagen Sie ihm, dass es nicht bestraft wird und dass Sie Ihr Bestes versuchen werden, um ihm zu helfen. Kinder selbst können solchem Missbrauch kein Ende machen und sich nicht verteidigen, und eine Anzeige von einem Erwachsenen ist vielleicht ihre einzige Chance auf Hilfe.

Je nachdem, was vorgefallen ist, sollte der Vorfall der Stelle für sexuellen Missbrauch einer betreffenden Einrichtung gemeldet werden (z. B. Kinderschutzbund, Pro Familia oder Wildwasser).

Sozialarbeiterinnen stehen dort zur Beratung bereit und helfen auch beim bloßen Verdacht weiter, selbst wenn es sich um ein fremdes Kind handelt. Allen Berichten über den Verdacht eines Missbrauchs wird nachgegangen. In vielen Städten gibt es Sorgentelefone; Gespräche sind gebührenfrei. In Deutschland sind die Ärzte auch bei Verdacht auf sexuellen Missbrauch an ihre Schweigepflicht gebunden; dasselbe gilt im Übrigen für Lehrer und andere Erzieher.

Wie man sexuellem Missbrauch vorbeugen kann

Sexuellen Missbrauch zu verhindern sollte in der Verantwortung beider Elternteile und der gesamten Gesellschaft liegen. Wenn es bereits zum Missbrauch gekommen ist, sollten Erwachsene sich an eine der vielen Beratungsstellen wenden. Außerdem können sich besorgte Eltern überlegen, wie sexuellem Missbrauch vorgebeugt werden kann, und mit ihren Kindern darüber sprechen, wie sie sich vor dem Missbrauch schützen können. An manchen Schulen steht das Thema sexueller Missbrauch im Lehrplan. Sollte das nicht der Fall sein, könnten Sie die Schule auffordern, dies einzuführen, und Sie könnten sich um Unterstützung durch andere Eltern, den Elternbeirat oder den Vertrauenslehrer bemühen.

Ein sehr wichtiger Punkt der Sexualerziehung ist, Kinder mit den notwendigen Fähigkeiten und Informationen auszustatten, um sexuellem Missbrauch und Ausbeutung vorzubeugen. Kinder müssen ihren eigenen Körper kennen, über verschiedene sexuelle Handlungen aufgeklärt sein und wissen, welche Verhaltensweisen richtig sind. Kindern ist es nur dann möglich, sich zu schützen, wenn sie beurteilen können, was richtig ist und was nicht. Außerdem müssen Kinder wissen, dass es sexuellen Missbrauch gibt und dass die Täter nicht unbedingt Fremde sind, vielleicht sogar jemand, den sie schätzen und lieben oder dem sie vertrauen. Es ist für jeden von uns unerfreulich, diese Tatsache zu akzeptieren und auszusprechen, aber das ist weit weniger belastend, als mit dem Erlebnis eines sexuellen Missbrauchs fertig zu werden.

Doch dieses Wissen ist allein noch nicht genug. Kinder

brauchen zudem bestimmte Fähigkeiten und Strategien, um Missbrauch verhindern oder sich in einer möglicherweise gefährlichen Situation richtig verhalten zu können.

Kinder, die von klein auf über ihren eigenen Körper »bestimmen« können, lernen Verantwortung und wissen, was richtig oder falsch für sie ist. Um Sicherheit zu erreichen, sollte man sie ermuntern, Entscheidungen über Dinge, die sie betreffen, selbst zu fällen und aufzubegehren, wenn sie das Gefühl haben, nicht fair behandelt zu werden. Zu diesen eigenverantwortlichen Bereichen gehören: was sie anziehen, wie sie ihre Haare geschnitten haben möchten, was sie essen, wen sie küssen und ob und wann sie sich zurückziehen wollen. Das bedeutet nicht, dass Kinder nicht geführt werden müssen. Dennoch sollten sie, wenn es angebracht ist, die Gelegenheit haben, Entscheidungen zu treffen. Entscheidungs- und Durchsetzungsfähigkeiten kommen nicht von ungefähr; sie müssen erlernt und geübt werden. Die Übung auf diesem Gebiet wird Kindern das sichere Gefühl geben, dass sie eine gewisse Kontrolle über ihr Leben und die Möglichkeit zu wählen haben. Außerdem bestärkt es sie, wenn die Erwachsenen in ihrer nächsten Umgebung Vertrauen in sie setzen.

Kinder mit großem Selbstwertgefühl sind seltener Opfer sexuellen Missbrauchs. Eine der wirkungsvollsten Möglichkeiten, das Selbstwertgefühl eines Kindes zu stärken, ist, ihm regelmäßig zu zeigen, dass Sie es lieben und dass Sie stolz auf es sind, so, wie es ist.

Es wurden viele Lehrprogramme zur persönlichen Sicherheit oder im Hinblick auf selbstschützendes Verhalten von Kindern entwickelt. Die meisten davon stützen sich auf das Prinzip »Nein, Gehen, Sagen«, bei dem Kindern beigebracht wird:

- ☞ in Situationen, in denen sie sich unwohl oder bedroht fühlen oder ahnen, dass etwas falsch ist, Nein zu sagen
- ☞ die Person fortzuschicken oder selbst so schnell wie möglich fortzulaufen
- ☞ das Vorgefallene so bald wie möglich einem Erwachsenen zu erzählen, dem sie vertrauen

Diese Methode setzt voraus, dass Kinder:

- ✗ wissen, dass kein Erwachsener ihre Geschlechtsteile berühren sollte, mit Ausnahme von medizinischen Gründen oder, solange sie sehr klein sind, Hilfestellung beim Waschen
- ✗ wissen, dass sie ein Recht auf körperliche Unversehrtheit besitzen
- ✗ grundlegendes Verständnis von richtigen oder falschen Verhaltensweisen haben
- ✗ das Vokabular kennen, um beschreiben zu können, was vorgefallen ist (dies schließt die Kenntnis der korrekten Bezeichnungen der Körperteile ein)
- ✗ sich im Klaren sind, welchen Leuten sie das mitteilen könnten
- ✗ wissen, dass man ihnen glauben und der Sache nachgehen wird
- ✗ den Unterschied zwischen harmlosen und gefährlichen Geheimnissen kennen

Ein paar Extrapunkte für Eltern

Lassen Sie Ihre Kinder wissen, dass Menschen ein Recht auf Ungestörtheit beim Baden, Anziehen und Schlafen haben.

Entwickeln Sie ein vertrauensvolles Verhältnis zu Ihren Kindern. Ermuntern Sie sie, ihre Probleme mit Ihnen zu besprechen, Fragen zu stellen oder um Hilfe zu bitten. Das wird sie befähigen, um Hilfe zu bitten, wenn sie Sie brauchen.

Fordern Sie Ihre Kinder auf zu überlegen, welchen anderen Erwachsenen sie vertrauen und möglicherweise um Hilfe und Unterstützung bitten können.

Hören Sie Ihren Kindern zu. Wenn sie Ihnen erzählen, dass sie jemanden nicht mögen oder jemand ihnen wehtut, fordern Sie sie auf, genauer zu beschreiben, was los ist.

Sagen Sie Ihrem Kind, dass es andere Menschen, Sie und die Geschwister eingeschlossen, nicht zu körperlichen Kontakten zwingen darf.

Wiederholen Sie die Informationen, die Sie ihm geben, indem Sie fragen »Was tätest du, wenn ...?« und sich Situationen ausdenken, wie zum Beispiel:

»Was tätest du, wenn ...

... jemand dich in einer Weise anfassen würde,
die dir nicht gefällt?«

... du in der Schule (oder im Haus eines Freundes
oder von Tante Klara) wärst? Wen könntest du um Hilfe
bitten, wenn du dich wegen irgendetwas ängstigen
oder dich unwohl fühlen würdest?«

... dir jemand sagen würde, du müsstest etwas, was dir wehgetan oder Angst gemacht hat, als Geheimnis bewahren? Meinst du, es ist richtig, solche Geheimnisse für sich zu behalten?«

... dich jemand in einer Weise belästigen oder anfassen würde, von der du weißt, dass sie falsch ist, aber dir der Betreffende sagen würde, du dürftest es niemandem erzählen, sonst würde dir oder jemandem, den du liebst, wehgetan werden?«

5 Die Pubertät

Die Pubertät ist eine schwierige Entwicklungsphase, in der die heranwachsenden Kinder sich nicht nur körperlich, sondern auch sozial und emotional verändern.

Nach dem Abschluss dieser sexuellen Reifezeit ist der Mensch körperlich zur Fortpflanzung in der Lage. Man sagt im Allgemeinen, dass dies der Fall ist, wenn ein Mädchen seine erste Periode hat oder ein Junge Spermien produziert. Fast immer gehen andere Anzeichen körperlicher Veränderung und Entwicklung diesen Ereignissen voraus. Die Pubertät wird als Beginn der Jugendzeit betrachtet.

In den meisten westlichen Ländern gilt die Jugendzeit als die Zeit zwischen Pubertät und Erwachsenwerden, und sie entspricht in etwa den Teenagerjahren, obwohl bei vielen Kindern die Pubertät einsetzt, bevor sie 13 Jahre alt sind. Die Jugendzeit endet mit dem Erwachsenwerden, das heißt mit der körperlichen, emotionalen und sozialen Reife. Oft wird noch der 21. Geburtstag als Beginn des Erwachsenenlebens bezeichnet, obwohl in den meisten Ländern die Volljährigkeit gesetzlich bei 18 Jahren liegt. Die Jugendzeit dehnt sich nicht selten über dieses Alter hinaus aus, weil viele junge Leute während ihrer Berufsausbildung oder aufgrund von Arbeitslosigkeit weiterhin finanziell von ihren Eltern abhängig sind. Verschiedene kulturelle Gruppen haben außerdem ganz unterschiedliche Auffassungen von der Jugendzeit.

Junge Frauen und Männer finden es durchaus verwirrend, das Kind, das sie noch vor kurzem waren, mit dem jungen Menschen in Einklang zu bringen, zu dem sie sich so rasch entwickeln. Manchmal wird ihre Verwirrung durch widersprüchliche Botschaften noch verstärkt, die sie von Erwachsenen erhalten, die in manchen Situationen ein gewisses Maß an Reife und Verantwortung zu erwarten scheinen, in anderen aber Abhängigkeit und Gehorsam voraussetzen.

Sie können eine entscheidende Rolle bei der Vorbereitung Ihrer Kinder auf die Pubertät und Jugendzeit spielen. Sie sollten Ihren Kindern nicht nur Informationen über die zu erwartenden Veränderungen geben, sondern ihren sich wandelnden Bedürfnissen auch verständnisvoll und wohlwollend gegenüberstehen. Zudem sollten Sie bereit sein, alle ihre Sorgen mit ihnen zu besprechen.

Die Adoleszenz

Der Begriff der Adoleszenz oder Jugendzeit für eine gesonderte Lebensphase wurde erst Ende des 19. Jahrhunderts eingeführt. Dazu trugen vielerlei Gründe bei, unter anderem:

- Ausdehnung der allgemeinen Ausbildungszeit
- Schaffung eines »Marktes für Jugendliche« aus kommerziellem Interesse
- Unterscheidung zwischen jugendlichen und erwachsenen Straftätern im Strafgesetzbuch

In diesem Kapitel werden die körperlichen, sozialen und emotionalen Veränderungen beschrieben, die im Laufe der Jugendzeit zu erwarten sind. Es werden spezielle Punkte angesprochen, wie zum Beispiel die Förderung einer positiven Einstellung zu sich selbst, der Umgang mit individuellen Eigenarten und die sich verändernde Eltern-Kind-Beziehung.

Fakten

Die Pubertät wird durch die Freisetzung eines Hormons namens Gonadotropin durch die Hirnanhangdrüse in Gang gesetzt. Die Folge ist, dass die Eierstöcke der Mädchen und die Hoden der Jungen zu reifen beginnen und Sexualhormone aussenden: bei Mädchen Östrogen, Progesteron und eine geringe Menge Testosteron, bei Jungen Testosteron und eine geringe Menge Östrogen. Das führt bei Mädchen zur Reifung von Eizellen und dem Einsetzen der Menstruation und bei Jungen zur Produktion von Spermien. Auch die sekundären Geschlechtsmerkmale entwickeln sich, die Brüste bilden sich aus, Körperform und -größe verändern sich, die Körperbehaarung sprießt, Penis und Hoden wachsen heran.

Für junge Leute ist es wichtig zu wissen, dass die Pubertät nicht bei jedem im gleichen Alter beginnt. Die Ursachen für das Einsetzen der Pubertät sind nicht eindeutig erforscht, aber wahrscheinlich spielen auch Faktoren wie die Ernährung, die körperliche Verfassung, die Menge des Körperfetts und Erbfaktoren eine Rolle. Das Alter, in dem die Mutter eines Mädchens ihre erste Menstruation hatte oder der Vater eines Jungen seinen ersten Samenerguss,

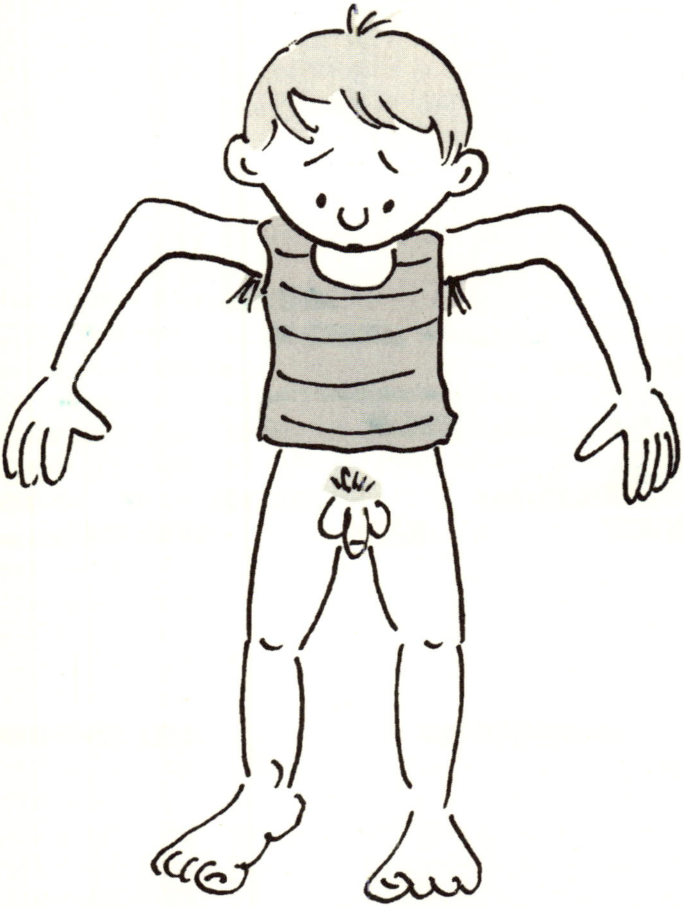

sind recht verlässliche Anhaltspunkte, in welchem Alter die Pubertät bei ihren Kindern einsetzen wird. Dessen ungeachtet sank in der westlichen Welt das durchschnittliche Alter der Pubertät im vergangenen Jahrhundert um etwa vier Jahre, wahrscheinlich aufgrund der veränderten Ernährung und des allgemein verbesserten Gesundheitszustands.

Körperliche Veränderungen

Im Durchschnitt sind Mädchen in der Entwicklung den Jungen um zwei Jahre voraus. Normalerweise ist das erste körperliche Anzeichen der beginnenden Pubertät bei beiden Geschlechtern ein Wachstumsschub. Dieser kann sehr deutlich sein, vor allem bei Jungen; ein Junge kann sage und schreibe in einem Jahr 12 Zentimeter wachsen. Der Wachstumsschub setzt bei Mädchen etwa mit 10 oder 11 Jahren ein und bei Jungen etwa mit 12 oder 13 Jahren, allerdings ist die Altersspanne häufig noch weit größer. Bei manchen Kindern zeigen sich andere körperliche Veränderungen lange vor diesem Wachstumsschub. Ausgewachsen sind junge Männer mit etwa 19 oder 20 Jahren, junge Frauen mit etwa 17 oder 18 Jahren.

Der Wachstumsschub vollzieht sich selten gleichmäßig. Er konzentriert sich vielmehr auf einzelne Körperteile, so wachsen die Füße oder die Nase meist als Erstes. Manchmal hat es den Anschein, als wären Arme und Beine völlig unproportional zum Rest des Körpers, weshalb junge Teenager oft ein wenig plump und unbeholfen wirken.

Im Durchschnitt stellen Mädchen mit 10 oder 11 Jahren fest, dass sich ihre Brust zu entwickeln beginnt. Etwa zur gleichen Zeit oder etwas früher wachsen die ersten Scham- und Achselhaare.

Die Menstruation (Periode) setzt normalerweise ein oder zwei Jahre später ein, aber die normale Spanne liegt zwischen 9 und 16 Jahren. In den ersten beiden Jahren kann die Periode noch unregelmäßig sein. Die Körperform des Mädchens beginnt runder zu werden, wobei sich das Becken verbreitert und Fettablagerungen um Hüften, Gesäß und Schenkel entstehen.

Der Wachstumsschub bei Jungen betrifft andere Veränderungen. Der Penis und die Hoden wachsen und werden dunkler. Etwa 12 Monate später wird der Junge seinen ersten Samenerguss erleben. Dies geschieht in der Regel um das Alter von 13 Jahren herum, hervorgerufen durch Selbstbefriedigung oder einen »feuchten Traum«. Der Samenerguss zeigt an, dass der Junge Spermien produziert und damit in der Lage ist, ein Kind zu zeugen. Trotzdem ist die volle körperliche Reife erst einige Jahre später erreicht.

Wenn ein Junge erstmals ejakuliert, ist das Scham- und das Achselhaar normalerweise schon gewachsen. Etwas später vergrößert sich der Kehlkopf (Larynx), und die Stimme wird tiefer. In dieser Phase entwickeln junge Männer eine muskulösere Gestalt, und ihre Schultern werden breiter. Bart- und Brusthaar wachsen in der Regel erst später.

Manche Jungen stellen überrascht und vielleicht besorgt ein vorübergehendes Brustwachstum fest. Das wird sich wieder zurückbilden, sobald sich der Körper an den veränderten Hormonspiegel gewöhnt hat. Ähnlichen Kummer macht Mädchen und Jungen die Akne, die während der gesamten Pubertät auftreten kann, vor allem aber in den ersten Jahren.

Obwohl es keinen festen Zeitpunkt gibt, zu dem die Pubertät eingesetzt haben sollte, ist bei einem Mädchen von 14 Jahren oder einem Jungen von 15 Jahren, bei dem noch keine Anzeichen pubertärer Entwicklung erkennbar sind (Schamhaare, Bildung der Brüste, Wachstum von Penis oder Hoden) eine gründliche ärztliche Untersuchung ratsam. Höchstwahrscheinlich ist alles in bester Ordnung, aber sicher ist sicher. Kinder, die sich Sorgen machen, »hintendran« oder »abnormal« zu sein, lassen sich wahrscheinlich von einem Arzt eher beruhigen und überzeugen, dass alles nur eine Frage der Zeit ist, als von den Eltern, die ihnen das Gleiche sagen!

Die Menstruation

Wir können nur hoffen, dass die Zeiten vorbei sind, als die erste Erfahrung eines Mädchens mit der Menstruation darin bestand, dass es völlig überrascht Blut in seinem Slip entdeckte. Die meisten Mädchen wissen heute schon lange vor ihrem Einsetzen recht gut über die Menstruation Bescheid, und mit etwas Bedacht und Vorbereitung kann diesem Ereignis mit relativ wenig Aufregung entgegengesehen werden.

Es gibt keinen Grund, warum kleine Mädchen und Jungen nicht über die Periode Bescheid wissen sollten. Viele wachsen heute mit dem Wissen auf, dass das etwas ist, was die Mutter jeden Monat hat und alle Frauen ab der Pubertät haben. Allmähliches Verstehenlernen ist wesentlich problemloser als ein einziges Gespräch kurz vor oder beim Einsetzen der Menstruation.

> Meine Mutter bereitete mich auf die Periode vor, aber vergaß, mir zu sagen, dass diese öfters als nur einmal kommen würde. Als sie das zweite Mal einsetzte, war ich entsetzt und ich erinnere mich, dass ich geschrien habe: »Mami, ich hab' sie schon wieder!«

Ein Mädchen, dessen erste Menstruation bald zu erwarten ist, braucht Information. Es gibt zwar keinen sicheren Anhaltspunkt, wann die erste Periode kommen wird, aber häufig setzt sie etwa im gleichen Alter ein wie bei der Mutter. Manche Mädchen haben vor der ersten Periode eine Zeit lang einen leicht blutigen Ausfluss oder ein Ziehen im Bauch. Entscheidend ist, dass Mädchen wissen, was sie erwartet und wie sie mit der Menstruation umgehen können. So könnte die Tochter von der Mutter ein paar Damenbinden bekommen, damit sie sich diese in aller Ruhe ansehen und vielleicht sogar ausprobieren kann, wie sie in den Slip eingelegt werden, und bereits erfährt, in welche Müllbehälter man gebrauchte Binden am besten werfen sollte. Vielleicht möchte sie verschiedene Marken und Stärken testen, um herauszufinden, welche bequem sind. Viele Mädchenzeitschriften werben mit Probepackungen, die man sich schicken lassen kann.

Auch wenn Sie möchten, dass Ihre Tochter zunächst Binden benutzt, schadet es nicht, wenn Sie mit ihr über Tampons sprechen, damit sie weiß, dass sie die Wahl hat. Manche Mädchen benutzen von Anfang an Tampons, und es gibt keine körperlichen Gründe, warum sie das nicht tun sollten. Wenn ein Mädchen diese ausprobieren möchte, dann an einem Tag, an dem es ziemlich starken Ausfluss hat, die Scheide deshalb glitschiger und das Einführen leichter ist. (Etwas Gleitmittel, z. B. Femilind oder Sylk, kann hilfreich sein, aber keine Vaseline.) Es ist einfacher, mit Minitampons anzufangen, aber diese müssen öfters gewechselt werden. Auch empfiehlt es sich, dass sich das Mädchen mit einem Handspiegel die Genitalien anschaut und die Scheide mit dem Finger abtastet, damit es genau weiß, wo es den Tampon einführen muss. Weisen Sie darauf hin, dass die Scheide in der Regel leicht nach hinten geneigt ist, dass der Tampon also besser nicht ganz senkrecht eingeführt wird. In allen Tamponpackungen finden sich Gebrauchsanweisungen. Die Hauptsache, an die ein Mädchen jedoch denken sollte, ist, sich zu entspannen. Wenn es den Tampon nach dem Einführen spürt, sitzt er entweder nicht hoch genug oder steckt in einem falschen Winkel in der Scheide. Er sollte vorsichtig herausgezogen und erneut eingeführt werden. Wer sich Sorgen macht, ein Tampon könnte nicht dicht halten, trägt zusätzlich eine dünne Binde oder Slipeinlage.

Für was sich ein Mädchen auch entscheidet, es sollte einen Vorrat davon in der Schultasche dabeihaben. Ein Ersatzslip ist ebenfalls nicht schlecht, vielleicht in einem Federmäppchen, einer kleinen Vesperbox oder Geldbörse. Sprechen Sie über die Bedeutung der Hygiene während der Menstruation, und weisen Sie darauf hin, dass die Binden oder Tampons tagsüber mindestens alle 3 oder 4 Stunden gewechselt werden müssen.

Eine Möglichkeit, Ihrer Tochter zu helfen, dass sie sich bei der Periode sicherer und wohler fühlt, besteht darin, mit ihr zu besprechen, was in bestimmten Situationen passieren könnte. Zum Beispiel:

- »Was machst du, wenn deine Periode während der Unterrichtszeit einsetzt?«
- »Was machst du, wenn du weder eine Binde noch einen Tampon dabeihast? Von wem kannst du dir etwas leihen? Was ersatzweise benutzen?«
- »Was machst du, wenn du einen kleinen Blutfleck auf deiner Kleidung hast?«

Es ist jedoch wichtig, die möglichen unangenehmen Dinge, die passieren können, nicht zu stark zu betonen und zu versichern, dass man mit allem ganz einfach zurechtkommt. Mütter können vielleicht ganz unbefangen über ihre Erfahrungen sprechen. Manche Eltern feiern die erste Periode ihrer Tochter. Je nachdem, wie sie zu der Sache steht, kann das eine sehr gute Idee sein. Sie will wahrscheinlich nicht, dass es die ganze Nachbarschaft erfährt, aber ein besonderer Nachmittagstee, etwas Neues, »Erwachsenes« zum Anziehen oder ein kleines Geschenk, das sind alles Möglichkeiten, dieses Erlebnis im Leben Ihrer Tochter zu feiern.

Menstruation

Das Wort Menstruation stammt von dem lateinischen Wort »mensis« ab, das Monat bedeutet, weil die Periode im Durchschnitt etwa einmal im Monat kommt. Der Monatszyklus wird von Hormonen gesteuert, die als Erstes eine Eizelle aus dem Eierstock abstoßen. Infolgedessen baut sich die Gebärmutterschleimhaut auf und wird dicker und reich an Nährstoffen, um ein befruchtetes Ei aufzunehmen. Wenn es nicht zur Befruchtung gekommen ist, baut sich diese Gebärmutterschleimhaut, Endometrium genannt, langsam ab und wird durch die Scheide in etwa fünf Tagen abgestoßen – das ist die Periode. In manchen Zyklen ist der Hormonspiegel nicht hoch genug, um eine Eizelle reifen zu lassen; die Frau hat aber trotzdem eine Menstruation.

Im Durchschnitt dauert eine Periode etwa 5 Tage, aber sie kann auch kürzer oder länger sein. Insgesamt fließen während einer Periode 200–250 Milliliter, also etwa eine Tasse voll Flüssigkeit, ab. Davon sind nur 35–50 Milliliter Blut. Der Rest der Regelblutung besteht aus Gewebe, Zellen und Schleim der Gebärmutterschleimhaut.

Die Entwicklung der Brust

Manche Mädchen bemerken nicht einmal, dass ihre Brust zu wachsen beginnt, andere untersuchen ihre Brüste täglich nach ersten Wachstumsanzeichen, vor allem, wenn ihre Freundinnen ihnen entwicklungsmäßig voraus sind. Wie bei allen körperlichen Veränderungen während der Pubertät erlebt jedes Mädchen diese anders. Der Entwicklung der Brust kann erwartungsfroh, angstvoll oder gleichgültig entgegengesehen werden. Gehen Sie einfühlsam mit den Gefühlen und Wünschen Ihrer Tochter um. Vielleicht möchte sie recht früh einen BH oder ein Bustier tragen oder aber sie möchte lieber warten, bis ihre Brüste richtig entwickelt sind. Es gibt kein »passendes« Alter für den ersten BH.

Die Brüste können während der Entwicklung aufgrund

des Wachstums und des schwankenden Hormonspiegels empfindlich oder sogar schmerzhaft sein. Das ist normal, und vielleicht hilft das Tragen eines stützenden BHs. Vielleicht beginnt eine Brust vor der anderen zu wachsen, und obwohl die eine die andere mit der Zeit einholt, ist bei den meisten Frauen eine Brust ein klein wenig größer als die andere. Hauptsache ist, dass Sie Ihrer Tochter immer wieder versichern, dass sie großartig aussieht – das können Sie ihr gar nicht oft genug sagen!

Feuchte Träume

Es wird allgemein vorausgesetzt, dass Mädchen zumindest eine gewisse Vorbereitung auf die Menstruation brauchen. Jungen dagegen erhalten in der Regel wenig Informationen über die körperlichen Veränderungen, die sie mit der Pubertät erfahren werden, die aber gleichfalls verwirrend und beängstigend sein können. Feuchte Träume sind ein Thema, das normalerweise verschwiegen wird, und zwar wohl deshalb, weil man eingesteht, dass der junge Mann dabei eindeutig sexuelle Lust empfindet. Es ist wichtig, dass Jungen über feuchte Nächte und Samenergüsse Bescheid wissen, bevor es dazu kommt. Manche Männer werden sich noch an den Schock erinnern, als sie aufwachten und auf ihrem Schlafanzug und Leintuch zum ersten Mal unerklärliche Flecken vorfanden. Wenn das vorher nie besprochen wurde, hatten sie vielleicht das Gefühl, sich dessen schämen zu müssen oder an irgendeiner Krankheit zu leiden. Durch frühzeitiges Aufklären hätten diese Ängste verhindert werden können.

Ein feuchter Traum oder nächtlicher Samenerguss ist die unbeabsichtigte Ejakulation von Samenflüssigkeit während des Schlafes. Es kommt dazu, weil der Körper Spermien produziert, und wahrscheinlich erleben es alle Jungen. Bei manchen kommt es nur gelegentlich vor, bei anderen recht häufig. Jungen, die durch Selbstbefriedigung Samenflüssigkeit verlieren, erleben in der Regel weniger feuchte Träume.

Die ejakulierte Samenflüssigkeit beträgt nur etwa 5 Milliliter. Es ist wichtig, dass ein Junge weiß, dass es nichts mit Bettnässen zu tun hat und dass sich die Flüssigkeit ein bisschen klebrig anfühlt. Versichern Sie ihm, dass die Sache wirklich nicht schlimm ist, dass keine Flecken zurückbleiben, da diese in der Waschmaschine oder mit einem feuchten Tuch leicht auszuwaschen sind. Sagen Sie ihm, dass feuchte Träume völlig normal und dass die Empfindungen bei der Ejakulation sehr angenehm seien.

Wenn ein Junge einmal ejakuliert oder einen feuchten Traum hatte und dann Geschlechtsverkehr mit einem Mädchen hat, das schon in der Pubertät ist, kann es schwanger werden. Daher sollte der erste Samenerguss Anlass sein, über verantwortliches Sexualverhalten zu sprechen, falls das nicht bereits früher geschehen ist.

Unerwünschte Erektionen

Wenn ein Junge in die Pubertät kommt, erlebt er häufiger Erektionen. Erektionen können eine Folge von Berührungen oder Vibrationen sein (zum Beispiel wenn man im Bus oder Zug fährt), von anregenden Gedanken oder dem Betrachten von Bildern oder Filmen mit Nacktdarstellungen ausgelöst werden. Erektionen sind oft ungewollt und können in der Schule oder sonstwo in der Öffentlichkeit auftreten.

Wenn das passiert, kann es so manchem jungen Mann peinlich sein, vor allem, wenn er unter Leuten ist, auf die er Eindruck machen möchte. Er wird möglicherweise denken, dass alle es bemerken.

Es ist am besten, um unerwünschte Erektionen kein großes Aufheben zu machen. Wenn ein Junge gerne darüber spricht oder Ihnen gerne zuhört, könnten Sie ihm vorschlagen, an etwas wirklich Langweiliges zu denken – wie zum Beispiel ans Frühstücksmüsli oder an Mathematik –, um die Erektion zurückgehen zu lassen. Wenn es häufig vorkommt und es ihn verlegen macht, möchte er die Sache vielleicht kaschieren, indem er weite Kleidung wie Jogginghosen trägt oder aber enge Jeans, die eine Erektion niederdrücken, und beim Schwimmen lieber Badeshorts als eine eng sitzende Badehose.

Stimmbruch

Im Laufe der Pubertät vergrößert sich der Kehlkopf eines Jungen, und seine Stimme wird tiefer. Bei manchen verläuft der Stimmwechsel allmählich und möglicherweise fast unmerklich. Bei anderen wird er durch umschlagende und krächzende Geräusche in der Stimme gekennzeichnet, und das kann ihm peinlich sein. Unglücklicherweise kommt es gerade dann zu diesem Umschlagen der Stimme, wenn ein Junge mit lauter, hoher Stimme spricht – vielleicht weil er inmitten seiner Freunde aufgeregt ist. Wenn ihm das peinlich ist, können Sie ihm raten, möglichst mit leiser, ziemlich monotoner Stimme ohne hohe Tonlagen zu sprechen. Er muss wissen, dass dies ganz normal ist und es fast allen Jungen in der Pubertät so ergeht und dass er sicher in absehbarer Zeit eine gleichmäßig tiefe Stimme haben wird.

Akne

Pickel und Mitesser treten infolge der vermehrten Talgproduktion der Haut auf. Dieser Talg, auch Sebum genannt, verstopft die Poren der Haut. Wenn man fetthaltige Feuchtigkeitscremes nimmt oder die Sonnencreme dick aufträgt, verschlimmern sich die Pickel. Früher glaubte man, dass Schokolade und fettreiches Essen die Akne verursachen. Heute wissen wir, dass dies wahrscheinlich nicht der Fall ist; trotzdem kann natürlich weder eine gesunde Ernährung noch viel, viel Wasser schaden.

Akne ist bei jungen Männern oft besonders schlimm. Gelegentlich wird sogar eine Behandlung durch einen Allgemeinarzt oder einen Hautfacharzt notwendig sein, obwohl sich die Akne oft schon mit weniger intensiven Maßnahmen behandeln lässt; dazu gehört, das Gesicht zweimal täglich mit einer milden Seife oder Reinigungsmilch zu

waschen. Die in Drogerien und Apotheken erhältlichen Produkte helfen, vorhandene Pickel auszutrocknen, können aber das Entstehen neuer nicht verhindern.

Obwohl Pickel wegen der Gefahr der Narbenbildung oder von Infektionen nicht ausgedrückt werden sollten, tun dies die meisten Teenager trotzdem. Wenigstens sollten sie vor und nach dem Ausdrücken die Hände waschen und hinterher ein wenig Desinfektionsmittel auftragen. Rubbeln, starkes Reiben, übertriebenes Waschen und Dampfbäder sind wenig ratsam, weil alles die Talgproduktion noch zusätzlich anregt und damit neue Pickel hervorruft.

Selbst wenn es mit den Pickeln gar nicht so schlimm ist, muss man sich klar machen, dass schon ein einziger Pickel für einen unsicheren Teenager eine echte Katastrophe sein kann. Zeigen Sie Verständnis, ohne sich aber darüber aufzuhalten, wie hässlich das aussieht oder wie schlecht sie oder er sich vielleicht damit fühlt. Lieber die Aufmerksamkeit auf andere Körperteile lenken, die toll aussehen.

Entwicklungsphasen

Informieren Sie kontinuierlich und positiv

Wissen, das lange vor Beginn des Ereignisses vermittelt und im Laufe der Jugend regelmäßig wiederholt und bekräftigt wird, hilft Ihrem Kind, eine sichere und positive Einstellung zur Pubertät zu bekommen und diese als Teil des Heranwachsens zu akzeptieren.

Positiv gestaltete Informationen sind unerlässlich; konzentrieren Sie sich auf die Vorteile des Erwachsenwerdens wie größere Freiheiten, sich mit Freunden zu treffen, größere Unabhängigkeit und ein erwachseneres Aussehen. Es ist wichtig, die möglichen unangenehmen oder peinlichen Begleiterscheinungen wie etwa schmerzhafte Perioden, unerwünschte Erektionen und hässliche Pickel nicht zu stark hervorzuheben. Das alles sollte zwar erwähnt werden, aber eher beiläufig, und als ganz normal betrachtet werden.

Die Information über die körperlichen Veränderungen kann man ab einem frühen Alter nach und nach geben, je nach Situation oder aufkommenden Fragen. Zum Beispiel wollen die meisten Kinder über die Binden oder Tampons im Badezimmerschrank Bescheid wissen. Wenn sie danach fragen, können Sie ihnen in einfachen Worten die Menstruation erklären.

Wenn Ihre Kenntnisse über diese Dinge ein wenig lückenhaft sind, können Sie zu Büchern greifen. Und sollten Sie Ihrem Kind ein Buch über die Pubertät geben, lesen Sie es zuerst selbst, um sicherzugehen, dass es Ihrem Kind auch wirklich die Informationen liefert, auf die es ankommt, und das in einer Weise, in der Sie diese vermittelt haben möchten. Vielleicht ist es nützlich, einige Abschnitte zusammen zu lesen und besondere Probleme miteinander zu besprechen; vielleicht lässt sich das eine oder andere Thema mit ihr oder ihm in den folgenden Wochen aufgreifen.

Seien Sie gesprächsbereit – aber hören Sie zuerst zu!

Nehmen Sie sich Zeit, die Erlebnisse und Sorgen (falls vorhanden!) Ihrer Kinder zu besprechen, sowohl vor als auch während der Pubertät. Eigene Erfahrungen oder jene von

Freunden oder Verwandten sind häufig anschaulich, negative und positive Beispiele sollten sich aber die Waage halten. Junge Leute sind während der Pubertät besonders empfindsam, und vielleicht möchten sie nicht gerne über ihre Stimmungen sprechen. Manchmal ist es besser, eine Weile abzuwarten, bevor man ein besonderes Ereignis oder Thema diskutiert, als es bei seinem Auftreten sofort aufzugreifen. Ihrer Tochter war es vielleicht zu peinlich, am selben Tag darüber zu sprechen, dass sie aus dem Unterricht gehen musste, um die Binde oder den Tampon zu wechseln. Ihr Sohn möchte vielleicht nicht gleich am nächsten Morgen über seine erste feuchte Nacht sprechen. Und für manche Kinder ist die Pubertät sogar eine so private Angelegenheit, dass sie überhaupt nicht darüber reden wollen. Sollte das der Fall sein, ist es wichtig, ihr Bedürfnis nach einer eigenen Intimsphäre zu respektieren. Dennoch kommt es darauf an, die Gesprächsverbindung nicht abreißen zu lassen. Seien Sie nicht beleidigt; bleiben Sie zugänglich; bringen Sie Ihre Bereitschaft zu Gesprächen, wenn die Kinder so weit sind, zum Ausdruck, ohne sie jedoch zu bedrängen, sich Ihnen anzuvertrauen. Und lassen Sie sie vor allem wissen, dass Sie sich um sie sorgen und sie so annehmen, wie sie sind – selbst wenn sie gerade in dieser Zeit absolut keine Ahnung haben, wer sie wirklich sind!

Jeder ist anders

Kinder müssen wissen, dass bei jedem Menschen die Pubertät zu einem etwas anderen Zeitpunkt einsetzen kann und jeder die Veränderungen verschieden empfindet. Eine Gruppe von 14-jährigen wird zweifellos feststellen, dass sich jeder in ganz verschiedenen Stadien der körperlichen Entwicklung befindet. Einer ist vom Erscheinungsbild her noch ganz kindlich, bei anderen haben die körperlichen Veränderungen gerade begonnen, während wieder andere vielleicht schon voll entwickelt sind. Das kann für junge Leute sehr verwirrend sein und beeinflusst sicherlich manche Freundschaften. Ein frühreifer Vierzehnjähriger stellt unter Umständen fest, dass er ganz andere Gefühle, Interessen und Erfahrungen hat als seine weniger entwickelten Freunde. Für junge Leute ist es wichtig, sich klar zu machen, dass Frühentwickler nicht unbedingt weiter voraus oder gar intelligenter sind und dass jeder im Laufe der Zeit heranwachsen und sich voll entwickeln wird.

Es kommt darauf an, Kinder – falls notwendig – in der frühen oder späten Entwicklung zu bestärken und zu beruhigen. Untersuchungen deuten darauf hin, dass Jungen, die früh entwickelt sind, gewisse Vorteile gegenüber ihren weniger weit entwickelten Freunden haben. Ihnen wird von Erwachsenen in der Regel eine größere Verantwortung übertragen, und oft werden ihr Äußeres, ihre Kraft und Sportlichkeit von Gleichaltrigen – männlichen und weiblichen Geschlechts – bewundert. Das führt häufig zu einem hohen Maß an Selbstwertgefühl und Selbstvertrauen, das wiederum ihre Leistungen in anderen Lebensbereichen beeinflussen kann.

Mädchen, die in der Entwicklung weit voraus sind, scheinen dagegen davon nicht in gleichem Maße zu profitieren. Sie sind stärker um ihr Körperimage besorgt und neigen dazu, sich früher für Verabredungen mit Jungen zu interessieren. Das kann wiederum Auswirkungen auf ihre schulischen Leistungen und ihr Verhältnis zu ihren

Eltern und Lehrern haben, da sie früh nach Unabhängigkeit streben.

Doch die meisten jungen Leute wollen so sein wie ihre Altersgenossen. Deshalb sind extreme Früh- oder Spätentwickler gleich welchen Geschlechts oft vorübergehend im Nachteil, weil sie sowohl sozial als auch körperlich nicht mit ihren Freunden Schritt halten.

Ermuntern Sie zu einer positiven Körpereinstellung

In einer Sexualunterrichtsstunde forderten wir eine Gruppe von zwölfjährigen Schülern auf, einige der Veränderungen zu nennen, die während der Pubertät auftreten. Zu den Antworten gehörten die üblichen Fakten: Periode, Busen, feuchte Träume und so weiter. Dann hob ein Mädchen die Hand und sagte: »Man macht eine Schlankheitsdiät.« Diese Bemerkung brachte die intensive Beschäftigung vieler jugendlicher Mädchen mit ihrem Aussehen auf den Punkt.

Essstörungen

Essstörungen wie Magersucht und Bulimie können in allen Altersgruppen bei beiden Geschlechtern auftreten. Sie kommen aber bei jungen Frauen besonders häufig vor. Es wird geschätzt, dass in westlichen Ländern mindestens 1 Prozent der Mädchen zwischen 15 und 20 Jahren magersüchtig ist und zwischen 3 und 5 Prozent der deutschen Frauen an Bulimie leiden. Betroffene der Magersucht sind häufig Mädchen, die nach Vollkommenheit streben. Ihre Einstellung zu ihrem Körper ist derart gestört, dass sie wie besessen hungern. Magersucht wird häufig erst erkannt, wenn das Gewicht 25 Prozent unter das Normalgewicht eines Mädchens gefallen und die Periode schon drei Monate ausgeblieben ist.

Bulimie ist eine Erkrankung, bei der ein Mensch riesige Essensmengen verschlingt, aber Gewichtszunahmen dadurch vermeidet, dass sie oder er das Essen durch selbst ausgelöstes Erbrechen oder die Einnahme von Abführmitteln wieder von sich gibt. An Bulimie Erkrankte sind meist zwischen 15 und 25 Jahre alt. Bulimie ist weniger leicht festzustellen, weil das Körpergewicht gehalten wird. Wenn diese Krankheiten unbehandelt bleiben, können ernsthafte gesundheitliche Schäden die Folge sein – dazu zählen Unterernährung, Nierenversagen, Osteoporose, Unfruchtbarkeit – und sogar zum Tod führen. Zur Behandlung gehören in der Regel eine ausgewogene Ernährung, sportliche Aktivitäten und eine psychologische Therapie, die sich auf die zugrunde liegenden Probleme konzentriert. Manchmal ist eine Familientherapie notwendig, um der Familie bei der Unterstützung des Betroffenen und dessen Gesundung zu helfen. Leider kommt es oft zu Rückfällen, und viele Betroffene brauchen über einen langen Zeitraum psychologische Hilfe.

Die Möglichkeit einer Essstörung sollte in Erwägung gezogen werden, wenn ein Teenager:

- extrem viel Gewicht verliert
- immer die Kalorien oder Joules zählt
- sich ständig mit Diätplänen und Sport beschäftigt
- sich häufig wiegt

- die Periode eines Mädchens, das bereits einen regelmäßigen Zyklus hatte, unregelmäßig wird oder völlig aussetzt
- an unerklärlichem Erbrechen oder Durchfall leidet
- hinsichtlich der Essgewohnheiten verschämt oder abwehrend zu reagieren scheint

Was unternommen werden sollte

Sprechen Sie mit der oder dem Betroffenen, ohne anzuklagen oder Vorwürfe zu machen. Finden Sie heraus, ob es eine andere Erklärung für das Verhalten gibt. Ist das nicht der Fall, dann versuchen Sie die/den Kranke/n zum Besuch eines Arztes zu bewegen, der sie oder ihn gegebenenfalls an einen Spezialisten oder eine Klinik überweisen wird. Sollte sie oder er das ablehnen, fragen Sie einen Arzt Ihres Vertrauens oder eine Selbsthilfegruppe für Essgestörte um Rat. Adressen und Telefonnummern stehen im Telefonbuch unter folgenden Stichworten: psychologische Dienste, Selbsthilfegruppen, Essstörungen, Magersucht und Bulimie.

Mädchen gehen im Allgemeinen davon aus, dass sie sehr dünn und groß sein und absolut reine Haut haben sollten. Realistisch betrachtet ist das oft eine unerreichbare und ungesunde Erwartungshaltung. Das Selbstbild Jugendlicher ist von den Menschen, die sie in der Werbung, in Filmen und Fernsehshows sehen, beeinflusst; darin werden immer wieder »schöne Menschen« – Fotomodelle, Berühmtheiten und Stars – ins Rampenlicht gestellt und bald wieder ausgemustert. Die Cliquen der Jugendlichen und die Modeindustrie, die auf große, muskulöse Männer und Frauen mit Größe 36 fixiert ist, die Besessenheit der Gesellschaft vom Schlankheitsideal, von Schlankheitsdiäten und dem Abnehmen, dies alles setzt Jugendliche unter Druck, nach unrealistischen Schönheitsidealen zu streben.

Es ist normal, dass pubertierende Mädchen und Jungen mit ihrer veränderten Figur unzufrieden sind. Manche tragen große, sackartige T-Shirts, um ihren Körper zu verstecken, oder wollen nicht zum Schwimmen gehen, um nicht im Badeanzug gesehen zu werden. Vielleicht schämen sie sich wegen ihrer Gewichtszunahme oder der sich entwickelnden Brust oder wollen nicht Anlass zu Bemerkungen über ihren Körper durch Eltern oder Gleichaltrige geben.

Fotomodelle und die Modeindustrie

Um sicherzustellen, dass Fotomodelle makellos erscheinen, müssen Friseure, Make-up-Spezialisten, Fotografen und Beleuchtungsexperten viele Stunden lang arbeiten. Zeitschriftenfotos von Modellen, sowohl weiblichen als auch männlichen, werden verbessert durch:

- den Einsatz von Computerbildern, die sie schlanker erscheinen und ihre Beine länger wirken lassen
- den Einsatz besonderer Lichteffekte, um die Augen- und Lippenfarbe, Hautbeschaffenheit, die Wangenknochen und Zähne hervorzuheben
- das Airbrushing, um einen makellosen oder gebräunten Teint zu erreichen

- das Wegretuschieren von störenden Pölsterchen an Hüften, Taille, Nase und Kinn

Das ganze Bild ist eine Täuschung, und es ist gut, wenn junge Leute das auch wissen. So sagte ein Supermodel in einem Bericht: »Die Leute fragen sich: ›Warum sehe ich nicht so aus wie die?‹ Und sie merken nicht, dass auch wir gar nicht so aussehen.«

Sollte Ihr Kind übergewichtig sein, dann erklären Sie ihm den Unterschied zwischen einer gesunden Ernährung und modebedingten Schlankheitskuren. Ermuntern Sie es, vernünftig zu essen und mindestens dreimal wöchentlich Sport zu treiben.

Wie können Sie helfen?

- Wenn Ihre Kinder Ihnen sagen, dass sie mit einem bestimmten Teil ihres Körpers nicht zufrieden sind, zum Beispiel breiten Hüften oder einem flachen Busen, sollten Sie sie dazu auffordern, darüber nachzudenken, warum sie unzufrieden sind. Liegt es daran, weil Fotomodelle und Athleten anders aussehen? Liegt es vielleicht daran, dass jemand sie wegen dieses Körperteils gehänselt hat? Heben Sie hervor, dass ihr Körper nicht aus einzelnen Teilen zusammengesetzt ist, sondern eine Einheit bildet mit vielen Vorzügen und vielleicht ein paar Nachteilen.

- Fordern Sie Ihr Kind auf, an jemanden zu denken, den es wirklich schätzt und bewundert (ohne Berücksichtigung des Aussehens). Dann fragen Sie, welche besonderen Vorzüge dieser Mensch hat. Hoffentlich werden mit der Antwort auch Wesenszüge genannt wie Ehrlichkeit, Sinn für Humor, Großzügigkeit und interessant und verständnisvoll sein. Weisen Sie darauf hin, dass nur innere Werte wirklich zählen!
- Regen Sie Ihre Kinder an, über die Botschaften nachzudenken, die von der Werbung und den Medien ausgesendet werden. Weisen Sie darauf hin, dass 99 Prozent der Menschen nicht wie Fotomodelle aussehen. Werbefirmen wollen einfach Produkte verkaufen, deshalb erschaffen sie ein Bild, von dem sie meinen, dass es die Leute anspricht. Sprechen Sie mit Ihren Kindern über diese Bilder, und betonen Sie, dass man Werbung nicht zu ernst nehmen sollte.
- Sprechen Sie darüber, wie wichtig es ist, mit sich selbst insgesamt zufrieden zu sein, als Freundin, liebevolle Tochter oder Sohn oder als gutes Teammitglied (beim Sport, bei Diskussionen, im Schachklub oder der Rockband – ganz egal, wobei). Ermuntern Sie sie, sich im Leben zu engagieren und stolz auf ihren persönlichen Einsatz zu sein.
- Seien Sie sich bewusst, dass Sie ein Rollenvorbild sind. Versuchen Sie weder Ihr eigenes Aussehen noch das anderer zu kritisieren. Zeigen Sie Bewunderung für gesunde und glückliche Menschen.
- Sagen Sie Ihren Kindern vor allem von klein auf, dass sie wunderbar, schön und hübsch sind und dass Sie finden, dass sie einfach gut aussehen.

Soziale und emotionale Veränderungen

Die Beziehung zwischen Eltern und Kind

In der Jugendzeit haben Kinder den Wunsch nach größerer Unabhängigkeit. Gewöhnlich wird der Umgang mit den Freunden sehr wichtig, und sie wollen mehr Zeit draußen mit ihren Freunden und folglich weniger zu Hause mit ihren Eltern verbringen. Diese Loslösung von den Eltern ist ein wesentlicher und unerlässlicher Teil der Entwicklung eines Jugendlichen zum Erwachsenen.

Manche Eltern können den Übergang von einem auf sie angewiesenen Kind zu einem unabhängigen, ebenbürtigen Erwachsenen nur schwer verkraften. Sie erinnern sich noch so gut daran, wie das Kind als kleines Baby auf sie angewiesen war, um überhaupt überleben zu können. Mit dem Heranwachsen des Kindes bekommen manche Eltern das Gefühl, sie würden im Leben ihres Kindes keine bedeutende Rolle mehr spielen.

Natürlich ist das nicht der Fall. Kinder im Teenageralter brauchen nach wie vor die Liebe, Fürsorge und Führung ihrer Eltern, obwohl sie das wahrscheinlich kaum zugeben wollen. Das ist einer der Konflikte, in denen sich Teenager befinden: Sie haben den dringenden Wunsch nach Unabhängigkeit, brauchen aber noch immer den Rückhalt, die Unterstützung und das Geld der Eltern! Viele Teenager fühlen sich außerstande, die Verantwortung eines Erwachsenen zu übernehmen, wollen aber trotzdem die meisten Entscheidungen selbst treffen.

In dieser Phase besteht die Herausforderung für Eltern wie Kindern darin, einen Mittelweg zwischen dem allmählichen Gewähren und Akzeptieren größerer Freiheiten auf der einen Seite und der Führung und Lenkung auf der anderen anzubieten und anzunehmen. Ruhige und vernünftige Verhandlung ist die beste Strategie, aber nicht immer einfach. Gewöhnlich ist das eine konfliktreiche Zeit. Eine mögliche Erklärung dafür ist die, dass das Kind als Teil seiner Gesamtentwicklung auch verfeinerte Argumentationsfähigkeiten erlernt. In diesem Falle kann man die Meinungsverschiedenheiten zwischen Eltern und Jugendlichen als notwendigen Teil der geistigen Entwicklung des Kindes betrachten. Stimmungsschwankungen, die wahrscheinlich durch den veränderten Hormonspiegel verursacht werden, erhöhen die Häufigkeit der Auseinandersetzungen.

Damit sich Jugendliche mit für alle Beteiligten möglichst wenig Kummer entwickeln können, sollten Eltern vielleicht daran denken, eher ihr eigenes Verhalten zu ändern, als zu erwarten, dass der Jugendliche derjenige ist, der »spuren« muss. Es ist zwar notwendig, dass Eltern Grenzen setzen, aber diese sollten angemessen sein und allmählich gelockert werden, wenn die oder der Jugendliche reifer wird. Die meisten Jugendlichen fühlen sich sicherer, wenn ihnen Grenzen gesetzt werden – aber das würden sie niemals zugeben!

Eltern machen sich häufig Sorgen um die Art und Weise, wie sich ihr Teenager kleidet. Teenager versuchen ihre Identität zu finden und probieren vielleicht eine Vielzahl verschiedener »Rollen« oder »Kostüme« aus, bevor sie entscheiden, in welchen sie sich am wohlsten fühlen. Das Experimentieren mit der Kleidung soll zudem ihre Unabhängigkeit und ihren Individualismus signalisieren. Jugendliche wollen sich oft auch in einer bestimmten Weise kleiden, um ihre Freunde zu beeindrucken. Es empfiehlt sich, Kinder anziehen zu lassen, was sie wollen, vor allem, wenn sie mit ihren Freunden zusammen sind. Vielleicht lässt sich bei bestimmten Familienanlässen ein Kompromiss finden, wenn die Bitte der Eltern an ihre Kinder, sich anders zu kleiden, durchaus begründet ist.

Beziehungen unter Gleichaltrigen

Wenn aus Kindern Jugendliche werden, lockern sie die bis dahin engen Beziehungen zu den Familienmitgliedern und verlassen sich stattdessen zunehmend auf die Unterstützung und Führung durch Gleichaltrige. Manche Eltern fühlen sich dadurch verletzt und zurückgewiesen. Wir kennen eine Mutter, die ihrem Sohn bei einer Reihe von Operationen beigestanden hatte, welche aufgrund einer angeborenen Krankheit notwendig waren. Der Junge, jetzt 18 Jahre alt, musste sich einer letzten Operation unterziehen. Nach diesem Eingriff wollte er zuerst seine Freundin bei sich haben. Obwohl seiner Mutter klar war, dass ihr Kind allmählich erwachsen wurde, fiel es ihr schwer, sich nicht zurückgewiesen und gekränkt zu fühlen.

Da Jugendliche mehr Zeit außerhalb der Familie verbringen, gewinnt die Meinung ihres Freundeskreises stärker an Bedeutung. Das kann zu Konflikten zwischen Eltern und Kindern führen, zumal wenn die Eltern mit der Clique nicht einverstanden sind. Jugendliche meinen, dass ihre Eltern und die Freunde befähigt seien, sie auf verschiedenen Gebieten zu führen und zu beraten. Entscheidungen darüber, welche Kleidung angesagt ist, werden sie vorwiegend in Übereinstimmung mit ihrer Clique treffen, aber bei Entscheidungen hinsichtlich der Berufswahl oder moralischer Fragen neigen sie dazu, sich den Vorstellungen ihrer Eltern anzuschließen.

Wenn Ihre Kinder älter und selbständiger werden, sind sie einer Vielzahl von Informationen und Anschauungen ausgesetzt und fangen unter Umständen an, Ihre Wertvorstellungen über bestimmte Dinge infrage zu stellen. Es ist wichtig, dass Sie zuhören, wenn sie ihre Ansichten äußern, diese respektieren und achten. Das bedeutet nicht, dass Sie nicht sagen könnten, was Sie denken, aber wenn Sie Ihren Kindern die Gelegenheit geben, sich in einer geborgenen Umgebung zu äußern und über Dinge zu diskutieren, ohne Angst haben zu müssen, ausgelacht oder verurteilt zu werden, dann entwickeln sie das nötige Selbstvertrauen, um auch in anderen Situationen zu ihrer Meinung zu stehen. Wenn Sie ernste Schwierigkeiten im Umgang mit Ihrem jugendlichen Kind haben, empfiehlt es sich, bei einer Stelle für Familienberatung um Rat zu fragen. Außerdem sind einige gute Bücher zu diesem Thema auf dem Markt.

6 Die Sexualität Jugendlicher

In diesem Kapitel kommen wir auf einige spezielle Fragen der Sexualität Jugendlicher zu sprechen, darunter Freundschaften, erste sexuelle Erfahrungen, Teenagerschwangerschaften, Empfängnisverhütung und Praktiken des »safer sex«.

Freundschaften

Zu Beginn der Pubertät unterhält Ihr Kind wahrscheinlich eine besonders enge Freundschaft zu einer oder einem Gleichaltrigen des gleichen Geschlechts. Bei Teenagern kommt es sehr oft vor, dass sie sich von jemandem des gleichen Geschlechts körperlich angezogen fühlen. Diese Art von engen Freundschaften ist ein ganz normaler Teil der Entwicklung und des Erfahrungsaustausches.

Viele Jugendliche interessieren sich bereits zu Beginn der Pubertät für das andere Geschlecht. Vor allem Mädchen erreichen dieses Stadium früh; meist hängt der Zeitpunkt davon ab, wann sie in die Pubertät kommen. Die ersten Freundschaften zwischen Mädchen und Jungen beruhen gewöhnlich auf der körperlichen Anziehung und sind oft ziemlich kurz, nicht allzu ernst zu nehmen, und es geht dabei häufig »mehr ums Reden als ums Handeln«. Schwärmereien und das Anhimmeln aus der Ferne gehören ebenfalls dazu. Das »Nachlaufen« ist aufregend, und besonders Mädchen verbringen viel Zeit damit, sich über ihre neueste »Liebe« zu unterhalten. Ein geringer Prozentsatz dieser Altersgruppe ist bereits sexuell aktiv. Im Allgemeinen ziehen es die meisten noch immer vor, mit Freunden des gleichen Geschlechts zusammenzusein.

In den mittleren Teenagerjahren (mit etwa fünfzehn oder sechzehn) schließen sich die Jugendlichen in der Regel zu Pärchen zusammen, verbringen aber noch viel Zeit in einer größeren gemischten Gruppe. Mädchen beginnen meist etwas früher mit diesem »Miteinandergehen« als Jungen. Manche gehen »dauerhafte« Freundschaften ein (in den Augen eines Teenagers reicht »dauerhaft« von ein paar Wochen bis zu mehreren Monaten), und diese können sehr intensiv sein. Es ist wichtig, dass Eltern die sehr starken Gefühle Heranwachsender ernst nehmen und Verständnis zeigen, wenn diese völlig am Boden zerstört sind, weil eine Freundschaft in die Brüche geht. Diese Gefühle sollten Eltern nicht herunterspielen; es kann demütigend und nachhaltig verletzend sein, wenn man sich über die Liebesangelegenheiten junger Leute lustig macht.

Wenn Jugendliche älter werden, gehen sie ernsthaftere Beziehungen ein. Manche junge Leute zeigen wiederum wenig Interesse daran, Freundschaften mit dem anderen Geschlecht einzugehen. Das kann an Schüchternheit, dem Mangel an Gelegenheiten liegen oder in den Wertvorstellungen der Familie begründet sein oder vielleicht sind sie einfach noch nicht so weit und haben ganz andere Interessen, die ihnen wichtiger sind. Manche Eltern werden sich über den Mangel an Interesse für das andere Geschlecht Sorgen machen, aber wenn man Jugendliche drängt, Freundschaften zu schließen, verunsichert man sie nur, und sie fangen selbst an, sich Sorgen zu machen und zu grübeln, ob sie ein Problem haben.

Sexuelle Erfahrungen

Das Sexualverhalten von Teenagern lässt sich nur schwer verallgemeinern. Viele Faktoren tragen dazu bei, wann und unter welchen Umständen ein junger Mensch seine ersten sexuellen Erfahrungen macht. Dazu gehören die soziale und kulturelle Herkunft, die Religion, Wertvorstellungen, das Selbstwertgefühl, der Wissensstand über Sexualität und die Fähigkeiten, sich mitzuteilen und Entscheidungen zu treffen. Die ersten sexuellen Erfahrungen machen die meisten jungen Leute mit Selbstbefriedigung. Fast alle Jungen und eine große Zahl von Mädchen onanieren in bestimmten Phasen ihrer Entwicklung. Der Sexualtrieb eines Jugendlichen kann sehr stark sein, und Selbstbefriedigung ist eine Möglichkeit, sexuelle Lust zu erleben und sexuelle Spannungen abzubauen. Sie bietet jungen Leuten darüber hinaus die Gelegenheit, den eigenen Körper kennen zu lernen und zu erfahren, wie dieser sexuell reagiert. Versuchen Sie, Ihren Kindern positive Botschaften über die Selbstbefriedigung zu geben, und nehmen Sie auf ihr Bedürfnis nach Ungestörtheit Rücksicht. Vielleicht werden Sie sich Mühe geben müssen, nicht immer wieder zu erwähnen, wie viel Zeit Ihr Teenager hinter verschlossenen Türen in seinem Zimmer verbringt! Ach ja, und achten Sie darauf, *immer* anzuklopfen, bevor Sie das Zimmer Ihrer Tochter oder Ihres Sohnes betreten.

Junge Paare gehen allmählich von zaghaften ersten Küssen zu leidenschaftlicherem Vorspiel über, zum Streicheln, innigen Küssen, Petting und oralen Sex. Diese Experimente helfen jungen Leuten, körperliche Intimität und ihre Bedeutung in einer Beziehung kennen zu lernen.

Es steht zweifellos fest, dass das Alter, in dem Jugendliche das erste Mal Geschlechtsverkehr haben, in den letzten 30 bis 40 Jahren gesunken ist. In den meisten westlichen Ländern haben ungefähr 30 Prozent der 15-jährigen bereits Geschlechtsverkehr; etwa 50 Prozent der Jugendlichen haben Geschlechtsverkehr, bevor sie 17 oder 18 Jahre alt sind.

In den 1960er- und 1970er-Jahren war eine deutliche Zunahme der sexuellen Aktivität von Teenagern festzustellen, wahrscheinlich infolge der »sexuellen Revolution«. Man begann, offener zur menschlichen Sexualität zu stehen, und akzeptierte das Bedürfnis, Sexualität auch auszudrücken. Etwa zu jener Zeit setzte die Entwicklung ein, dass viele Leute erst später heirateten, und viele entschieden sich, sexuelle Erfahrungen vor der Hochzeit zu machen.

Die feministische Bewegung trug ebenfalls zum Wandel des Sexualverhaltens von Teenagern bei. In den 1940er- und 1950er-Jahren galt, was sexuelles Verhalten betrifft, eine »doppelte Moral«: Für Jungen war es ganz in Ordnung, sexuell aktiv zu sein, nicht aber für Mädchen. Jungen wurden ermuntert, »sich die Hörner abzustoßen«, während erwartet wurde, dass Mädchen sich für die Ehe »aufsparen«. Mit der Frauenbewegung kam eine größere

Freiheit für Mädchen, und man akzeptierte allmählich, dass auch Frauen ihre Sexualität ausdrücken wollen. Interessanterweise haben viele junge Frauen, mit denen wir sprachen, das Gefühl, dass diese doppelte Moral noch heute größtenteils vorherrscht. Tatsächlich haben sie weniger Sexualpartner als junge Männer und in der Regel außerhalb einer festen Beziehung seltener Sex.

In den 1970er-Jahren nahm die sexuelle Aktivität von Teenagern enorm zu, pendelte sich aber in den 1980er-Jahren wieder ein. Über die Gründe kann man nur spekulieren. Vielleicht fürchteten sie sich vor Krankheiten, vor allem vor HIV/AIDS. Vielleicht zeigten auch die verbesserten Bildungsprogramme Wirkung, durch die über körperliche und emotionale Risiken besonders früher sexueller Erfahrungen aufgeklärt wurde.

Das Sexualverhalten von Teenagern hat sich allem Anschein nach also ganz wesentlich geändert. In gewissem Maße zeigt sich dies an der Tatsache, dass junge Leute offener für sexuelle Beziehungen sind, weil die Gesellschaft insgesamt eher bereit ist, ihre Sexualität zu akzeptieren. Dennoch glauben viele junge Leute, dass Geschlechtsverkehr in jedem Fall Teil einer dauerhaften, festen Beziehung sein sollte.

Eltern fürchten in der Regel die negativen Folgen einer frühen sexuellen Aktivität Jugendlicher wie ungewollte Schwangerschaften, sexuell übertragbare Krankheiten und seelische Konflikte. Deshalb konzentrieren sie sich stärker auf die Verhütung solcher Probleme als auf die positiven Aspekte der Sexualität. Wenn Eltern im Gespräch über Sexualität nur die Gefahren hervorheben, geben sie falsche und ablehnende Botschaften über die Sexualität an ihre Kinder weiter.

Zu den positiven Botschaften gehören:

- Sexuelle Regungen sind ein natürlicher Teil des Lebens, wobei jeder Mensch selbst entscheiden kann, wann sie oder er diesen Gefühlen nachgibt.
- Der Körper ist attraktiv und etwas Besonderes.
- Sex kann ein positives Erlebnis sein, wenn alle Umstände stimmen.
- Beiderseitiges Einverständnis und ein gewisses Maß an Reife sind erforderlich, damit der Geschlechtsverkehr ein gutes und schönes Erlebnis ist.

Sexueller Missbrauch von Kindern und Jugendlichen

In Deutschland sieht die Rechtslage grob umrissen folgendermaßen aus:

Sexuelle Handlungen von Erwachsenen mit Kindern unter 14 Jahren, gleich welchen Geschlechts, sind strafbar; sexueller Missbrauch liegt ebenfalls bei Minderjährigen im Alter von 14 bis 18 Jahren vor, wenn ein Ausbildungs-, Erziehungs- oder anderes Abhängigkeitsverhältnis ausgenutzt wird.

Homosexualität

Zwar ist es schwierig, den genauen Prozentsatz der homosexuellen Menschen zu ermitteln, doch die Forscher in westlichen Ländern gehen davon aus, dass etwa 2 bis 5 Prozent der Menschen sich als ausschließlich homosexuell einschätzen, wobei ein höherer Prozentsatz gelegentlich homosexuelle Kontakte oder Phantasien gehabt hat.

Für Jugendliche ist es ganz normal, sehr starke Gefühle für Menschen des gleichen Geschlechts zu entwickeln und manchmal auch sexuelle Erfahrungen mit Gleichgeschlechtlichen zu machen. Phantasien zu teilen, einander zu masturbieren, einen gleichgeschlechtlichen Menschen zu küssen und zu streicheln, all das gehört zum Lernprozess über die sich entwickelnde Sexualität dazu, bedeutet aber noch nicht, dass Jugendliche homosexuell sind.

Wenn Ihnen jedoch ältere Jugendliche oder junge Erwachsene anvertrauen, dass sie sich von Gleichgeschlechtlichen angezogen fühlen, ist es wahrscheinlich, dass sie homosexuell oder bisexuell sind und dass dies nicht nur eine vorübergehende Phase ist, die sie gerade durchlaufen.

Weil es in den meisten Gesellschaften Vorurteile gegenüber Homosexuellen gibt, werden viele Eltern schockiert und entsetzt sein, wenn sie herausfinden, dass ihr Kind homosexuell ist. Nachfolgend einige Strategien für Eltern, die feststellen, dass ihr Kind homosexuell ist:

- Machen Sie sich klar, wie viel Mut es gekostet hat, Ihnen das anzuvertrauen; viele junge Leuten scheuen davor zurück, es ihren Eltern zu sagen.
- Bedenken Sie, dass Ihr Kind noch immer der gleiche Mensch ist wie zuvor und genauso wie vorher akzeptiert werden möchte.
- Glauben Sie nicht, dass Sie oder Ihre Erziehung »schuld« seien. Homosexualität ist nicht die Folge von Beziehungen innerhalb der Familie.

- Statt zu versuchen, die sexuelle Neigung Ihres Kindes zu ändern, sollten Sie Ihre eigenen Einstellungen und Vorurteile gegenüber der Homosexualität überdenken.
- Bemühen Sie sich um so viel Information über Homosexualität wie nur möglich; vielleicht lohnt es sich, Kontakt mit jemandem aufzunehmen, der Sie unterstützen kann (Homosexuellenorganisationen, gute Freunde oder eine Familienberatungsstelle).
- Führen Sie mit Ihrem Kind ein ehrliches und offenes Gespräch über Homosexualität, damit es sich möglicher Schwierigkeiten bewusst werden kann, zum Beispiel der eventuellen Vorurteile von Freunden und Arbeitgebern.

Sexualverhalten innerhalb von Cliquen

Der Gruppendruck durch den Freundeskreis nimmt im Laufe der Jugend zu, wobei die Clique immer stärkeren Einfluss auf die Überzeugungen und das Verhalten der Gruppenmitglieder gewinnt. Eine Rolle spielen Gleichaltrige sowohl bei der Vermittlung von (nicht immer richtigen) Informationen als auch von Anschauungen. Mehrere Untersuchungen haben ergeben, dass das Sexualverhalten vieler junger Leute sehr stark von den Ansichten ihrer Freunde beeinflusst wird. Bei einer Untersuchung über sexuell aktive junge Leute gab beispielsweise die Mehrheit an, dass der Hauptgrund, warum sie Sex hätten, der sei, dass »jeder das macht«.

Wir haben festgestellt, dass Teenager eine unrealistische Einschätzung des Sexualverhaltens anderer Jugendlicher haben. Die meisten Teenager glauben, dass ein viel höherer Prozentsatz ihrer Gleichaltrigen sexuell aktiv sei, als es tatsächlich der Fall ist. Offenbar wird mehr geredet als gehandelt.

Risikofreude

Risikofreudige Verhaltensweisen in der Jugend werden gewöhnlich als eine negative und bedauerliche Begleiterscheinung dieser Entwicklungsphase betrachtet. Jugendliche werden von Gefahren geradezu angezogen, weil diese eine wichtige Rolle beim Austesten der eigenen Leistungsfähigkeit und Grenzen spielen. Niemand kann sein Kind vor allen Gefahren schützen, aber jeder kann die möglichen Folgen dieser Risikofreude so gering wie möglich halten.

Einige Tipps:

- Stellen Sie sicher, dass Ihr Kind ausreichend informiert ist (so über die Auswirkungen des Alkohol- und Drogenmissbrauchs, über »safer sex« und Beratungsstellen, an die man sich gegebenenfalls wenden kann).
- Sprechen Sie mit Ihrem Kind über Ihre Besorgnis in ruhiger und überlegter Weise, ohne belehrende Vorträge zu halten.
- Bieten Sie Ihrem Kind die Gelegenheit, Gefahren in kontrollierten und überwachten Situationen einzugehen (in Kletterkursen oder Abenteuerlagern).

- Setzen Sie angemessene Grenzen – junge Leute wollen und brauchen Richtlinien. Die Maßgaben der Eltern bieten Teenagern manchmal eine »Ausrede«, wenn sie sich gedrängt fühlen, etwas zu tun, was sie eigentlich nicht tun wollen. Es kann für sie angenehmer sein zu sagen »Ich darf nicht« als »Ich will nicht«.

Alkohol und Drogen beeinflussen das Sexualverhalten von Teenagern ebenfalls. Einige Untersuchungen zeigen, dass viele Jugendliche unter dem Einfluss von Alkohol oder Drogen stehen, wenn sie Sex haben. Die Wirkung von Drogen oder Alkohol hat nicht nur Einfluss auf ihre Entscheidung, Sex zu haben, sondern ist zudem die Ursache dafür, dass sie seltener »safer sex« praktizieren.

Teenagerschwangerschaften

Obwohl es in den meisten westlichen Ländern nur geringe Abweichungen hinsichtlich des Alters gibt, in dem die ersten sexuellen Erfahrungen gemacht werden, ist die Häufigkeit einer Teenagerschwangerschaft sehr unterschiedlich. Die Prozentzahlen sind in Amerika, Neuseeland, England und Australien höher als in Ländern wie Deutschland, Holland und Dänemark. In Letzteren gibt es in den Schulen zum Teil seit Jahrzehnten Sexualkundeunterricht, und man geht davon aus, dass dieser zu den niedrigen Raten der Teenagerschwangerschaften beigetragen hat. Allerdings spielt auch die Möglichkeit, an Verhütungsmittel zu kommen oder einen Schwangerschaftsabbruch vornehmen zu lassen, eine Rolle.

Es ist schwer festzustellen, wie viele Teenager schwanger werden, da Fehlgeburten (spontane Aborte) häufig nicht gemeldet und in manchen Ländern keine Einzelheiten über Abtreibungen festgehalten werden. Insgesamt scheint in den westlichen Ländern die Zahl der Mütter im Teenageralter rückläufig zu sein.

Jede Frau, bei der es zu einer ungewollten Schwangerschaft gekommen ist, sollte eingehend beraten werden. Diese Beratung kann durch einen professionellen Berater oder zunächst weniger förmlich durch die Familie oder Freunde erfolgen. Für eine Frau ist es wichtig, dass sie selbst eine Entscheidung trifft und nicht in irgendeine Richtung gedrängt wird. Alle Möglichkeiten sollten in Erwägung gezogen werden, und die Frau sollte dazu ermutigt werden, sich über die jeweiligen Konsequenzen Gedanken zu machen. Untersuchungen belegen, dass Frauen, die bei ungewollter Schwangerschaft ihre eigene Entscheidung treffen und angemessene Unterstützung erhalten, damit langfristig sehr gut fertig werden, gleich welche Entscheidung sie getroffen haben. In Deutschland und den Nachbarländern gibt es viele Dienste, die Beratung und Unterstützung für junge Schwangere anbieten.

Schwangerschaftstests

Ein Schwangerschaftstest kann bereits zwei Tage nach Ausbleiben der Regelblutung durchgeführt werden. Man kann ein wenig Morgenurin zu einem Familienplanungszentrum oder einem Arzt mitnehmen und erhält sofort das Ergebnis.

Eine Schwangerschaft lässt sich sogar noch früher feststellen. Schwangerschaftstests werden in der Apotheke verkauft und können zu Hause gemacht werden.

Sie sind ziemlich teuer, und wir haben festgestellt, dass die meisten Frauen lieber zu einem Arzt gehen, einfach um die Gewissheit zu haben, dass das Ergebnis auch verlässlich ist, und um über ihre Wahlmöglichkeiten hinsichtlich der Schwangerschaft zu sprechen.

Lösungsmöglichkeiten

SCHWANGERSCHAFTSABBRUCH: Es wird geschätzt, dass sich in den meisten westlichen Ländern etwa die Hälfte aller Teenager, die schwanger werden, für eine Abtreibung entscheidet. Der Eingriff ist am unproblematischsten, wenn er in einem frühen Stadium der Schwangerschaft vorgenommen wird.

ADOPTION: Nur sehr wenige junge Frauen geben ihr Baby zur Adoption frei, obwohl für einige die Möglichkeit einer Adoption die beste Lösung ist.

PFLEGEELTERN: Ein Baby Pflegeeltern zu übergeben wird von den meisten jungen Frauen nicht als echte Lösung angesehen.

DAS BABY BEHALTEN: Früher hat die Mehrheit der Teenager, die schwanger wurde, wegen der sozialen Ächtung, der ledige Mütter ausgesetzt waren, und des Mangels an finanzieller Unterstützung geheiratet. In vielen Ländern gibt es heute von staatlicher Seite finanzielle Unterstützung für Alleinerziehende. Doch diese staatliche Unterstützung wird von konservativen gesellschaftlichen Gruppen oft kritisiert, weil diese davon ausgehen, dass die Unterstützung lediger Mütter Teenager zu Schwangerschaften ermuntern könnte. Untersuchungen zeigen aber, dass dies nur selten der Fall ist.

Ursachen für Teenagerschwangerschaften

Einige Teenager legen es darauf an, schwanger zu werden, doch die Mehrzahl der Teenagerschwangerschaften ist ungewollt und auf unzureichende Aufklärung zurückzuführen. Viele junge Leute haben nur mangelhafte oder falsche Kenntnisse über die Methoden der Empfängnisverhütung und halten unter Umständen das eine oder andere Ammenmärchen über Fruchtbarkeit und Schwangerschaft für wahr. Dazu gehören:

»Man kann beim ersten Mal nicht schwanger werden.«

»Eine Frau kann nicht schwanger werden, wenn sie während ihrer Periode Sex hat.«

»Wenn man hinterher auf die Toilette geht, kann nichts passieren.«

»Es passiert nichts, wenn der Mann sich vor dem Orgasmus zurückzieht.«

Annähernd 40 Prozent der jungen Paare verwenden beim ersten Mal keinerlei Verhütungsmittel. Es gibt eine Vielzahl von möglichen Gründen, warum so viele Jugendliche keine Empfängnisverhütung praktizieren. Junge Leute sind oft zu verlegen oder besitzen nicht die notwendige

Kommunikationsfähigkeit, um sich Verhütungsmittel zu besorgen. Bisweilen scheut eine junge Frau den Gang zum Arzt, um sich die Pille verschreiben zu lassen, vor allem dann, wenn sie sich nur an einen Hausarzt wenden kann, der ihre Eltern kennt. Jugendlichen ist es manchmal zu peinlich, in einer Drogerie oder Apotheke Kondome zu kaufen. In ländlichen und abgeschiedenen Gegenden kann es schwierig sein, an Verhütungsmittel zu kommen, weil es an entsprechenden Beratungsstellen, Ärzten und/oder Apotheken sowie an Anonymität mangelt.

Selbst wenn Jugendliche an Verhütungsmittel kommen, sind sie häufig zu verlegen oder schüchtern, um mit ihrem Partner über die Anwendung dieser Mittel zu sprechen. Oft fehlt es ihnen an Durchsetzungskraft, Kommunikations- und Verhandlungsgeschick.

Das erste sexuelle Erlebnis vieler junger Leute geschieht ungeplant und unvorbereitet. Einige junge Leute haben bei Partys oder anderen Feiern zum ersten Mal Geschlechtsverkehr. Erregung, Alkohol oder Drogen und eine besonders gute Stimmung setzen die Entscheidungsfähigkeit herab. Jungen Leuten, vor allem Mädchen, fällt die Entscheidung häufig schwer, besonders wenn sie nicht unbefangen über Sex sprechen können oder genügend Zeit haben, darüber nachzudenken. Die Folge ist, dass die Entscheidung, Geschlechtsverkehr zu haben oder nicht, manchmal in der letzten Minute fällt.

Auch das Versagen von Verhütungsmitteln kann für einige ungewollte Schwangerschaften verantwortlich sein. Oft ist mangelndes Wissen über die richtige Anwendung der Mittel die Ursache. Manche Teenager wollen schwanger werden – sei es, weil sie in einer Schwangerschaft die Möglichkeit sehen, eine Beziehung zu verbessern oder zu festigen, oder weil ihr Selbstwertgefühl sehr gering ist und sie hoffen, durch eine Mutterschaft gesellschaftliche Anerkennung, ein Identitätsgefühl und die Gewissheit zu erlangen, gebraucht und geliebt zu werden. Manche Teenager entscheiden sich nach sorgfältigen Überlegungen bewusst für eine Schwangerschaft, und die Mutterschaft kann – wie in jeder Altersgruppe – ein positives Erlebnis sein.

Verhütungsmethoden und »safer sex«

Zu den Personen, die eher als andere Verhütungsmittel nehmen und »safer sex« praktizieren, gehören:

- junge Leute mit fundierten Kenntnissen über Verhütung und Sexualität
- ältere Mädchen
- Paare in stabilen und dauerhaften Beziehungen
- junge Leute, die ein hohes Selbstwertgefühl besitzen
- Teenager, die sich über ihre Moralvorstellungen und Ansichten hinsichtlich Sex im Klaren sind

Die von jungen Leuten am häufigsten verwendeten Verhütungsmittel sind die Antibabypille und Kondome. Zwar hat der Gebrauch von Kondomen durch Jugendliche zugenommen, aber es gibt immer noch eine beträchtliche Anzahl junger Leute, die nicht jedes Mal, wenn sie Sex haben, Kondome benutzen. Entweder erreichen die Aufklärungsbotschaften manche junge Leute nicht oder sie werden einfach nicht beachtet.

Vielleicht fällt es jungen Leuten auch wegen der mangelnden gesellschaftlichen Akzeptanz ihrer sexuellen Aktivität schwer, diese Hinweise zu berücksichtigen. Vielen Jugendlichen wird beispielsweise gesagt, sie sollten Verantwortung zeigen und »safer sex« praktizieren, doch zugleich lehnen Erwachsene die Aufstellung von Kondomautomaten in weiterführenden Schulen und Universitäten ab.

Junge Leute glauben oft, dass die Verwendung von Kondomen oder anderen Verhütungsmitteln dem Sex jede Romantik rauben würde. Sie meinen, dass Sex nur dann romantisch sein kann, wenn er spontan und nicht »geplant« ist. Das liegt wahrscheinlich an ihrer allgemeinen Verlegenheit, mit ihrem Partner über Sex zu sprechen, und auch an der Darstellung des sexuellen Verhaltens in Romanen, im Fernsehen und im Kino. Sex passiert einfach – selten sieht man in Filmen, dass sich Paare zusammensetzen und über »safer sex« sprechen oder diesen praktizieren. Jungen Leuten muss klar gemacht werden, dass es wahrscheinlich ein vergnüglicheres, befriedigenderes und vor allem sichereres Erlebnis wird, wenn man mit dem Partner spricht und sexuelles Beisammensein im Voraus plant.

Das Verschreiben der »Pille«

Ein Arzt kann einem Mädchen unter 16 Jahren die Pille verschreiben, wenn das Mädchen weiß, wie es sie einnehmen muss, und die möglichen Nebenwirkungen und Risiken oraler Verhütungsmittel kennt. Die Verschreibung unterliegt seinem Ermessen; ein Anspruch darauf besteht nicht.

Der Arzt sollte ebenfalls davon überzeugt sein, dass die junge Frau in der Lage ist, selbstverantwortlich Entscheidungen zu treffen.

Der Arzt ist an seine Schweigepflicht gebunden, selbst wenn das Mädchen noch keine 16 Jahre alt ist.

Sexuell übertragbare Krankheiten

Zwar werden junge Leute heutzutage mit Informationen über HIV/AIDS bombardiert, doch sie wissen nur relativ wenig über andere sexuell übertragbare Krankheiten wie Bakterieninfektionen (Chlamydien) und herkömmliche Geschlechtskrankheiten.

Mögliche Symptome von sexuell übertragbaren Krankheiten sind:

- außergewöhnlicher Ausfluss aus dem Penis oder der Vagina
- Ausschlag, Bläschen, Entzündungen oder Warzen im Genitalbereich
- jede Art von Schmerzen, Juckreiz oder Reizungen im Genitalbereich
- Schmerzen beim Wasserlassen
- Schmerzen beim Geschlechtsverkehr

Etwa 80 Prozent der Frauen und 15 Prozent der Männer, bei denen Gonorrhöe oder eine Chlamydieninfektion festgestellt wird, haben keinerlei Symptome. Das ist einer der Gründe, warum es wichtig ist, dass die Betroffenen es ihre Partnerin oder ihren Partner wissen lassen, wenn sie eine sexuell übertragbare Krankheit haben.

Die meisten sexuell übertragbaren Krankheiten sind recht einfach zu behandeln, in der Regel mit Antibiotika. Chlamydieninfektionen und Gonorrhöe können zu Unfruchtbarkeit führen, wenn sie nicht rechtzeitig behandelt werden. Genitalherpes und Feigwarzen werden durch ein Virus hervorgerufen und können wiederkehren.

Viele Teenager sehen noch immer eine Schwangerschaft als das größte Risiko von ungeschütztem Geschlechtsverkehr an und haben nicht das Gefühl, dass sie Gefahr laufen, sich mit einer sexuell übertragbaren Krankheit anzustecken. Sie meinen oft, dass nur »bestimmte Leute« sexuell übertragbare Krankheiten bekommen und dass attraktive, gesund aussehende Partner bestimmt keine solche Krankheit haben.

Neben Informationen über sexuell übertragbare Krankheiten und Möglichkeiten, sich davor zu schützen, benötigen junge Leute die Fähigkeit, sich mitzuteilen und durchzusetzen, damit sie sexuell verantwortlich handeln können.

Sexuell übertragbare Krankheiten

Die am weitesten verbreiteten sexuell übertragbaren Krankheiten sind Herpes genitalis, Chlamydieninfektionen, Feigwarzen und Gonorrhöe. In einigen Teilen der Erde wie Afrika, Südostasien und den Vereinigten Staaten stellt jedoch HIV/AIDS eine weit häufigere und ernstere Bedrohung dar.

Zu den Möglichkeiten des »safer sex« gehören:

- gar keinen Sex zu haben
- einen Sexualpartner erst richtig kennen zu lernen und in der Beziehung Vertrauen zu entwickeln
- einem Partner treu zu bleiben, der seinerseits keine anderen Sexualpartner hat
- bei jedem Geschlechtsverkehr Kondome zu benutzen
- HIV/AIDS-Tests oder Tests auf andere sexuell übertragbare Krankheiten durchführen zu lassen, bevor man sich auf eine neue sexuelle Beziehung einlässt, wenn man glaubt, zuvor ein Risiko eingegangen zu sein
- andere sexuelle Praktiken vorzuziehen, die nicht so riskant sind (Küssen, Petting, Massage)

- einen Partner einzuweihen, wenn man eine sexuell übertragbare Krankheit oder irgendwelche verdächtigen Symptome hat
- Situationen aus dem Weg zu gehen, in denen es unter Einfluss von Alkohol und anderen Drogen zu ungeplantem Sex kommen kann

Mit Jugendlichen über Sex sprechen

Eltern glauben zwar, dass heutzutage die Mehrheit der Jugendlichen sexuell aktiv ist, doch nur ein geringer Prozentsatz meint, dass sein eigenes Kind Sex hat. Eltern haben oft unrealistische Vorstellungen von den sexuellen Erfahrungen ihres eigenen Teenagers und der Sexualität von Teenagern ganz allgemein.

Jedenfalls haben sie oft Schwierigkeiten, die sich entwickelnde Sexualität ihres Kindes und das Interesse ihres Teenagers an Sex zu akzeptieren. Deshalb können sie nicht unbefangen mit ihrer Tochter oder ihrem Sohn über Sex sprechen. Viele meinen, wenn sie über Sex sprechen, heiße das, den Teenager zur sexuellen Aktivität aufzufordern. Das widerspricht den Ergebnissen aller Untersuchungen. Junge Leute, die von ihren Eltern oder anderen Bezugspersonen Sexualerziehung erhalten, verlegen ihre ersten sexuellen Erfahrungen in der Regel auf später, verwenden Verhütungsmittel, wenn sie Sex haben, und haben weniger Sexualpartner. Tatsache ist, dass junge Leute, die es gelernt haben, offen über Sexualität zu sprechen, sich Zeit lassen und sexuelle Handlungen eher als einen Teil der Beziehung zwischen Erwachsenen ansehen.

Eltern, die eher zurückhaltend oder gar nicht mit ihren Kindern sprechen, lassen diese unwissend. Zahlreiche Untersuchungen haben ergeben, dass sehr viele junge Leute geläufige sexuelle Begriffe kaum kennen und ihnen grundlegende Kenntnisse über Themen wie Geschlechtsverkehr, Empfängnisverhütung und sexuell übertragbare Krankheiten fehlen.

Ungeachtet dessen betrachten Teenager ihre Eltern oft als die von ihnen bevorzugte Informationsquelle für Fragen zur Sexualität. Allerdings fühlen sich die meisten Teenager unsicher und befangen, wenn sie mit ihren Eltern über Sex sprechen. Obwohl in der Gesellschaft größere Offenheit über Sex als je zuvor herrscht, reichen die Informationen nicht aus, und junge Leute haben das Bedürfnis, diese Themen eingehender mit Erwachsenen zu besprechen.

Wenn Sie die sich entwickelnde Sexualität Ihrer Kinder akzeptieren können, werden diese die Akzeptanz spüren, und es wird wohl kaum zu strittigen Auseinandersetzungen über sexuelle Fragen kommen. Die Wahrscheinlichkeit ist dann größer, dass die Teenager mögliche Sorgen und Fragen mit Ihnen besprechen werden. Wesentlich ist, Ihrem Kind über die Information hinaus Gelegenheiten zu geben, über Sexualität zu sprechen. Oft wollen junge Leute, dass ihre Eltern ihnen auf diesem Gebiet gewisse Richtlinien vorgeben, haben aber Schwierigkeiten, sie offen um Rat zu fragen. Zugleich interessiert es die Eltern, ob ihr Kind schon sexuelle Erfahrungen sammelt oder daran denkt, es bald zu tun. Auch darüber sollte gesprochen werden, allerdings in einer eher indirekten Art und Weise. Sie könnten zum Beispiel über einen Zeitungsartikel über das Sexualverhalten von Teenagern sprechen oder an eine Frage in einer Ratgeberrubrik anknüpfen. Halten Sie sich an unsere Empfehlung: Fragen Sie den Teenager nach seiner Meinung, hören Sie zu und halten Sie keine Vorträge!

Sie können diese Gelegenheiten auch nutzen, um Ihrem Kind wichtige Informationen zu geben. Jugendliche brauchen Informationen über mehr als nur Empfängnisverhütung und sexuell übertragbare Krankheiten. Sie müssen auch über Folgendes Bescheid wissen:

- wie sich sexuelle Erregung körperlich auf sie auswirkt (*siehe* Sexueller Erregungszyklus S. 235 ff.) und wie der Zyklus ihre Entscheidungsfähigkeit beeinflussen kann (in erregtem Zustand ist es schwer, Entscheidungen zu treffen)
- dass sexuelle Regungen bei Jugendlichen normal und gesund sind
- über die möglichen Konsequenzen des Geschlechtsverkehrs wie Schwangerschaft, sexuell übertragbare Krankheiten und Gefühlskonflikte, d. h. sich schuldig, verletzt oder missbraucht fühlen (junge Leute haben nach dem Sex eher negative Gefühle, wenn sie keinen »safer sex« praktiziert haben)
- dass es andere sexuelle Praktiken neben Geschlechtsverkehr gibt
- dass sie selbst entscheiden müssen, ob und wann sie sexuell aktiv werden wollen, und sich nicht dazu drängen lassen dürfen
- welche Vorteile es hat, wenn in einer Beziehung offen miteinander gesprochen wird

- dass es wichtig ist, herauszufinden, mit welchen sexuellen Handlungen der Partner einverstanden ist
- dass die Zustimmung ausschlaggebend ist und sie akzeptieren müssen, wenn der Partner Nein sagt und auch Nein meint

Jugendliche brauchen eine Intimsphäre. Das müssen Sie akzeptieren und dürfen Ihre Nase nicht in ihre Angelegenheiten stecken. Erwachsene erwarten, dass ihre eigene Intimsphäre respektiert wird, das Gleiche gilt aber auch für Teenager.

Wenn Sie immer offen mit Ihren Kindern gesprochen haben, werden sie höchstwahrscheinlich ihre wichtigsten Sorgen und Nöte mit Ihnen teilen. Wenn Ihre Kinder in den meisten anderen Bereichen ihres Lebens vernünftig und verantwortungsvoll sind, werden sie es hinsichtlich ihrer Sexualität ebenfalls sein.

TEIL 2

Aufklärung von A bis Z

Aufklärung von A bis Z

Wir haben viele Gespräche mit Eltern geführt und dabei herausgefunden, dass sie vor allem auf praktische Vorschläge aus sind, wie sie die Fragen ihrer Kinder beantworten können: ein einfaches Nachschlagebuch suchen, das die Definitionen von Wörtern liefert, nach denen ihre Kinder fragen. Genau das bietet dieser Teil des Buches. Selbst wenn Sie noch so gut informiert sind, können Sie nicht auf jede Frage eine Erklärung parat haben. Selbst wenn Sie über die Fakten Bescheid wissen, kann es manchmal sehr schwierig sein, die Antworten einfach genug zu formulieren, damit Ihr Kind sie auch versteht. Außerdem sind Sie vielleicht bei speziellen Themen verlegen oder peinlich berührt und können das, was Sie eigentlich sagen wollen, nur schwer in Worte fassen.

Wir haben hier eine recht umfassende Liste von Wörtern und Begriffen zur Sexualität aufgeführt, nach denen uns Kinder gewöhnlich fragen. Manche Kinder stellen darüber hinaus so spezielle Fragen, dass man ein Fachbuch zurate ziehen muss, um genauere Informationen geben zu können. Manches Kind wird mit einer Antwort nicht zufrieden sein und immer weitere Einzelheiten wissen wollen. Zum Beispiel kann die Beantwortung der Frage »Wie entstehen Zwillinge?« zu der Frage »Wie kommt es zu siamesischen Zwillingen?« führen, die wiederum die Fragen »Wie häufig kommt das vor?«, »Wie kommen sie zur Welt?«, »Wie werden sie getrennt?« nach sich ziehen. Nicht entmutigen lassen! Manchmal kann die Beantwortung der Fragen am Ende auch für Sie selbst sehr lehrreich sein.

Die von uns gegebenen Erklärungen sind grundsätzlich

einfach, doch vielleicht müssen sie noch weiter vereinfacht oder aber erweitert werden, je nach Alter oder Wissbegierde des Kindes. Manche Definitionen sind offenkundig, werden aber durch Informationen ergänzt, die ein Gespräch unterstützen. Vor allem ältere Kinder erwarten ausführliche Erklärungen. Alle Definitionen sind als Anregungen, Beispiele und Vorschläge gedacht. Eltern haben ihren jeweils eigenen Stil, wenn es um die Beantwortung von Fragen geht, und Ihre Kinder haben sich längst an diesen gewöhnt. Es ist wichtig, dass Sie die Wörter, die Sie benutzen, unbefangen verwenden können; andernfalls klingen Antworten einstudiert oder künstlich.

Um positive Einstellungen und Moralvorstellungen zu fördern, sollten Sie Ihre Kinder ermuntern, über die mit ihren Fragen zusammenhängenden Themen nachzudenken, und ihnen Ihre persönlichen Ansichten und Wertvorstellungen und die Gründe, warum Sie diese haben, mitteilen.

Kinder müssen lernen, Entscheidungen zu treffen und sich mitzuteilen. Wenn Kinder in richtige Diskussionen einbezogen werden, hilft man ihnen, diese Fähigkeiten zu entwickeln. Je mehr ein Kind über eine Sache nachdenkt, desto sicherer wird es sein, wenn es darum geht, persönliche Entscheidungen zu treffen. Ein Kind, das von klein auf daran gewöhnt ist, persönliche Dinge zu besprechen, wird eher in der Lage sein, sich als Erwachsener in Beziehungen richtig mitzuteilen.

Wie dieser Ratgeber anzuwenden ist

Die Begriffe sind alphabetisch geordnet. Manche finden sich in übergeordneten Abschnitten; so sind die verschiedenen Methoden der Empfängnisverhütung unter »Empfängnisverhütung« und nicht einzeln aufgeführt. Querverweise helfen, das gesuchte Wort zu finden.

Neben dem allgemein üblichen Begriff wurden mögliche Alternativen aufgeführt. Wenn Kinder Fragen stellen oder ein bestimmtes Thema diskutieren, benutzen sie häufig Umgangsbezeichnungen und abfällige Begriffe; die Bedeutungen oder Zusammenhänge dieser Wörter sollten besprochen werden. Es ist zwar gut, die Sprache des Kindes zu kennen, doch ist es unmöglich, hier stets auf dem Laufenden zu sein. Umgangswörter ändern sich von Jahr zu Jahr und sind von Region zu Region und von Stadt zu Stadt verschieden.

Abtreibung (Schwangerschaftsunterbrechung, Abbruch)

Abtreibung nennt man landläufig einen medizinischen Eingriff, durch den die Frucht aus der Gebärmutter entfernt wird. Die am häufigsten angewandte Methode ist die der Vakuumextraktion (Absaugmethode). Feine Instrumente werden durch den Muttermund eingeführt, und der Gebärmutterinhalt wird abgesaugt. Dies wird in der Regel unter örtlicher Betäubung in Verbindung mit Beruhigungsmitteln, gelegentlich auch unter Vollnarkose, durchgeführt.

Eine Alternative zur Absaugmethode stellt der medikamentöse Schwangerschaftsabbruch dar. Im Fall des sehr frühzeitigen Abbruchs einer ungewollten Schwangerschaft kann die »Abtreibungspille« (RU 486, Mifegyne) verabreicht werden, die durch eine geringe Menge Prostaglandin ergänzt wird. Das Präparat wird unter strenger ärztlicher Kontrolle abgegeben; der Schwangerschaftsabbruch muss indiziert sein. Die »Abtreibungspille« ist nicht zu verwechseln mit der »Pille danach«.

Die Abtreibungsgesetze sind von Land zu Land verschieden. Im Allgemeinen ist eine Abtreibung legal, wenn sie im Interesse der körperlichen oder psychischen Gesundheit der Frau notwendig ist. Weil dies sehr breit ausgelegt werden kann, sind Abtreibungen in den meisten Großstädten, wo es Privatkliniken oder große Krankenhäuser gibt, recht leicht möglich.

Im Laufe der gesamten Geschichte wurden Abtreibungen vorgenommen. Man hat viele Methoden angewandt, darunter chirurgische Eingriffe, Drogen oder Kräuterarzneien, magische Rituale oder heftige Schläge auf den

Unterleib der Frau. Von Kurpfuschern oder »Engelmacherinnen« durchgeführte Abtreibungen – für arme Frauen meist der einzige Ausweg – waren gefährlich, und viele Frauen starben infolge der erbärmlichen chirurgischen Verfahren und unhygienischen Zustände. Noch heute sterben zahlreiche Frauen in Ländern, in denen Abtreibungen illegal und daher nur im Geheimen möglich sind, an risikoreichen Abtreibungen.

Manche Menschen, die so genannten Lebensbefürworter, sind der Meinung, dass eine Abtreibung Tötung menschlichen Lebens bedeute und deshalb ethisch nicht vertretbar sei. Untersuchungen ergaben, dass die meisten Leute allerdings finden, dass eine Abtreibung allein in der Entscheidung der Frau liegen sollte und diese also ein Selbstbestimmungsrecht hat.

Heutzutage werden die meisten Abtreibungen vor der 14. Schwangerschaftswoche vorgenommen. Abtreibungen nach dieser Frist werden nur in ernsten medizinisch, seelisch oder sozial begründeten Fällen durchgeführt.

Die Kosten einer Abtreibung sind unterschiedlich, je nachdem, wo und in welcher Schwangerschaftswoche der Eingriff stattfindet. In manchen Ländern werden diese Kosten vom Staat übernommen.

Abtreibungen, die in Spezialkliniken durchgeführt werden, verlaufen in der Regel ohne Komplikationen. Eine legal und fachgerecht vorgenommene Abtreibung hat in der Regel keine Auswirkungen auf spätere Schwangerschaften. Wenn die Frau ihre Entscheidung gut überlegt und aus freien Stücken, ohne Druck durch ihren Partner, ihre Eltern oder Freunde, getroffen hat und die richtige Unterstützung erfährt, wird sie auch langfristig von psychischen Folgen verschont bleiben.

Beratungsstellen und medizinische Dienste für schwangere Frauen finden sich im örtlichen Telefonbuch.

Gesprächsanregung

Zur Abtreibung gibt es eine Vielzahl von Einstellungen und Meinungen. Sagen Sie Ihren Kindern, wie Sie dazu stehen, und begründen Sie Ihren Standpunkt.

Die meisten Leute sind der Meinung, dass es besser ist, unerwünschte Schwangerschaften von vornherein durch den Gebrauch sicherer Verhütungsmethoden zu verhindern, als eine Abtreibung durchführen lassen zu müssen. Allerdings bietet keine Verhütungsmethode hundertprozentige Sicherheit.

Besprechen Sie die Gründe, warum eine Frau eine Abtreibung als einzigen Ausweg ansehen kann. Manche Frauen haben mehr als einen Grund. Dazu kann gehören:

- ✓ dass sie schon genug Kinder hat
- ✓ dass sie sich ein Kind finanziell nicht leisten kann
- ✓ dass sie vergewaltigt wurde
- ✓ dass sie körperlich oder seelisch nicht gesund ist
- ✓ dass sie sich zu jung oder zu alt fühlt, um ein Kind zu bekommen
- ✓ dass sie überhaupt keine Kinder bekommen möchte
- ✓ dass das Risiko recht groß ist, ein stark behindertes Kind zu bekommen

Besprechen Sie Alternativen zu einer Abtreibung und welche Konsequenzen diese haben könnten.

Weisen Sie auf den Unterschied zwischen einer Fehlgeburt und einer Schwangerschaftsunterbrechung hin.

Siehe auch **Fehlgeburt**

Adoption

Adoption bedeutet, dass ein Paar oder eine Einzelperson die gesetzmäßige Elternschaft eines Babys oder Kindes antritt. Ein Kind in Pflege aufzunehmen ist normalerweise eine zeitlich begrenzte Vereinbarung, in der die Pflegeeltern sich um ein Kind kümmern, aber nicht die rechtmäßigen Eltern werden.

Babys werden manchmal direkt nach der Geburt zur Adoption freigegeben, weil die Schwangerschaft ungeplant oder unerwünscht war. Ältere Kinder, die zu Waisen geworden sind oder von ihren Eltern nicht versorgt werden können, werden gelegentlich auch zur Adoption freigegeben.

- ✓ In der Regel vermitteln staatliche Stellen Adoptionen, in manchen Ländern gibt es jedoch auch die Möglichkeit privat arrangierter Adoptionen.
- ✓ Heutzutage ist eine Adoption in den meisten westlichen Ländern recht selten, und die Wartezeit für Paare, die ein Baby adoptieren wollen, beträgt meist mehrere Jahre.
- ✓ Es ist möglich, Babys aus anderen Ländern, in denen Kinder Opfer von Krieg oder Armut sind, zu adoptieren; allerdings kann das ein langwieriges und teures Verfahren sein.
- ✓ Bis in die 1970er-Jahre gaben viele ledige Mütter ihre Babys zur Adoption frei. Oft wurden sie durch ihre Familien und die Sozialämter dazu gedrängt. Viele bedauerten diesen Schritt später, der die Folge der propagierten Schande war, die es bedeutete, als unverheiratete Frau schwanger zu werden. Und

anders als heute gab es von Seiten des Staates kaum finanzielle Unterstützung für ledige Mütter.

✓ Wenn adoptierte Kinder älter werden, wollen sie oft Kontakt zu ihrer leiblichen Mutter aufnehmen. Auch einige Mütter suchen den Kontakt zu ihren Kindern.

Gesprächsanregung

Kennen Sie jemanden, der adoptiert wurde oder ein Kind adoptiert hat? Besprechen Sie, wie sie oder er wohl zur Adoption steht.

Stellen Sie sich vor, wie es wäre, wenn Sie 1) einen Menschen treffen würden, den Sie als Baby zur Adoption freigegeben hätten, oder 2) eine Frau treffen würden, die Ihre leibliche Mutter ist und Sie nach der Geburt zur Adoption freigegeben hat.

Wie wurden ledige Müller früher behandelt? Welche Dinge sagten ihnen die Leute nach? Was taten sie, wenn sie die Frau und/oder das Kind auf der Straße trafen? Wie wird sich die Mutter gefühlt haben, wenn man sie fortschickte, damit weder Familie noch Freunde erfuhren, dass sie schwanger war, oder wenn sie gezwungen wurde, das Baby gegen ihren Willen herzugeben? Wo hat man sie wohl hingeschickt?

AIDS *siehe* **HIV**

Akne (Pickel, Mitesser)

Akne ist ein Überbegriff für verschiedene Hauterkrankungen, darunter Pickel und Mitesser. Akne kann in schwacher oder extrem schwerer Form auftreten. Ursache dafür ist die übermäßige Produktion von Talg, genannt Sebum, durch die die Poren verstopft werden.

Akne ist weit verbreitet, etwa 80 Prozent der Menschen leiden darunter, zum größten Teil während der Pubertät. Die weiße Spitze eines Pickels ist Eiter, der von Bakterien gebildet wird, die in die Haut eingedrungen sind; diese verursachen auch die damit einhergehende Entzündung. Mitesser sind nicht Schmutz, sondern in den Poren eingelagerter verfärbter Talg.

Zu Narbenbildung kommt es nur dann, wenn die Entzündung sehr stark ist oder wenn ein Pickel ausgedrückt wurde und sich dann entzündet.

Gesprächsanregung

Akne kann einen Menschen psychisch stark belasten. Warum?

Überlegen Sie, wie es wäre, wenn man wegen Akne gehänselt würde. Wie würden Sie sich dann fühlen?

Analverkehr

Beim analen Sex wird der erigierte Penis in den After und den Enddarm eingeführt. Eine Frau kann beim Analverkehr nicht schwanger werden.

Manche homosexuellen Männer haben analen Sex. Aber auch Heterosexuelle haben Analverkehr.

Manche Krankheiten werden durch Analverkehr besonders leicht übertragen. Der After kann beim Analverkehr leicht verletzt werden, weil die notwendige Feuchtigkeit fehlt und er von vielen oberflächlichen Blutgefäßen umgeben ist. Jeder kleine Riss und jedes geplatzte Blutgefäß bieten Viren und Bakterien ein leichtes Spiel. Um Krankheiten vorzubeugen, sollten bei jedem Analverkehr ein Kondom und ein wasserlösliches Gleitmittel benutzt werden.

Gesprächsanregung

Manche Menschen empfinden Analverkehr als besonders lustvoll und praktizieren regelmäßig analen Sex. Andere Menschen dagegen lehnen analen Sex ab.

Wenn jemand keinen Analverkehr mag, sollte er oder sie nicht dazu gezwungen oder gedrängt werden. Jeder hat grundsätzlich das Recht, sexuelle Praktiken, die ihm nicht zusagen, abzulehnen.

Ausfluss

Der normale Scheidenausfluss besteht, anders als das Menstruationsblut, aus Sekreten der Zervix und der Scheidenflüssigkeit. Der normale Ausfluss ist klar, weiß oder hellgelb, je nach Zeitpunkt im Menstruationszyklus. Auf dem Slip kann er getrocknet dunkler wirken. Der Ausfluss riecht kaum, wenn sich eine Frau regelmäßig wäscht.

Gesprächsanregung

Junge Mädchen müssen mit der Zeit lernen, wie ihr normaler Ausfluss aussieht, damit sie außergewöhnlichen Ausfluss erkennen können und zum Arzt gehen.

Weisen Sie auf die wesentliche Rolle der Körperhygiene hin.

Befruchtung (Empfängnis)

Zu einer Befruchtung kommt es, wenn eine Samenzelle des Mannes in ein Ei der Frau eindringt.

Nach dem Geschlechtsverkehr wandern die Samenfäden durch die Scheide, Zervix und Gebärmutter bis in die Eileiter hinauf, und eine Samenzelle dringt in das Ei ein. Der Zellkern des Samens verschmilzt mit dem Zellkern der Eizelle. Beide Zellkerne enthalten Chromosomen (genetisches Material), und diese beiden Chromosomensätze verschmelzen miteinander.

Das befruchtete Ei wird Zygote genannt. Diese teilt sich in zwei Zellen, dann in vier, acht, sechzehn usw.

Die Zygote wandert durch den Eileiter zur Gebärmutter, wo sie sich schließlich in der Gebärmutterschleimhaut einnistet, und die Schwangerschaft beginnt. Die Wanderung dauert etwa 5 Tage.

Beschneidung

Die Beschneidung ist die chirurgische Entfernung der Vorhaut, die die Eichel des Penis bedeckt.

Die Beschneidung wird nicht allgemein empfohlen, aber in einigen Kulturen aus religiösen Gründen generell durchgeführt. Bei kleinen Jungen wird sie heute nicht mehr so häufig vorgenommen wie früher.

Bei manchen Jungen ist die Beschneidung aus medizinischen Gründen notwendig, nämlich dann, wenn die Vorhaut verengt ist und nicht leicht zurückgestreift werden kann. Wenn ein Junge etwa bei Eintritt in die Schule seine Vorhaut nicht zurückstreifen kann, sollte er ärztlich untersucht werden.

Die Beschneidung von Frauen wird in einigen Kulturen aus religiösen oder traditionellen Gründen vorgenommen. Es gibt verschiedene Beschneidungsmethoden, zu welchen die Entfernung der Klitoris und/oder der Schamlippen gehören kann, manchmal sogar das Zunähen der Scheidenöffnung. Diese Eingriffe führen bei den Frauen zu Schmerzen, Schwierigkeiten beim Wasserlassen und der Menstruation, zum Verlust sexuellen Lustempfindens und Komplikationen während der Schwangerschaft und Geburt. Die Regierungen vieler Länder sind bemüht, diese Praktiken zu unterbinden.

Binden und Tampons (Monatshygiene)

Binden sind Einlagen aus flüssigkeitsaufsaugendem Material wie Zellstoff. Sie haben unten eine dünne Kunststofffolie und oben feines aufsaugendes Vlies. Die meisten Binden sind mit einem Klebestreifen versehen, mit welchem sie im Slip befestigt werden können.

Ein Tampon besteht aus zusammengepresstem Baumwollwattevlies und ist dünn genug, um in die Scheide zu passen. Tampons haben einen Rückholfaden aus Baumwolle, mit dem sie aus der Vagina herausgezogen werden können. Binden und Tampons sind in verschiedenen Größen erhältlich, die man je nach Stärke der Blutung verwendet. Die meisten Binden sind heute so geschnitten, dass sie sich der Körperform anpassen und auch dann nicht auftragen, wenn Frauen enge Hosen tragen.

Binden und Tampons müssen regelmäßig gewechselt werden, tagsüber etwa alle 3 bis 4 Stunden, an blutungsstarken Tagen manchmal noch öfter. An diesen Tagen kann man auch Tampon und Binde zugleich benutzen. Manchmal, vor allem an sehr heißen Tagen, kann das Menstruationsblut auf Binden einen störenden Geruch entwickeln. Das kann bei Tampons nicht passieren. Zudem kann man Tampons auch beim Schwimmen tragen.

Manche Mädchen finden das Einführen eines Tampons am Anfang ein bisschen schwierig. Ein junges Mädchen, das gerade anfängt, Tampons zu benutzen, sollte am besten Minitampons nehmen und sie an einem Tag ausprobieren, an dem es etwas stärkeren Ausfluss hat, sodass sich der Tampon leichter einführen lässt. Vielleicht könnte ein wasserlösliches Gleitmittel (Femilind oder Sylk) helfen. Außerdem nutzt es, entspannt zu sein. Binden- und Tamponpackungen enthalten immer Gebrauchsanweisungen. Tampons kann man mithilfe eines Fingers oder einer Einführhülse einsetzen. Es spricht nichts dagegen, dass ein junges Mädchen von Beginn der Menstruation an Tampons benutzt.

Gesprächsanregung

Es gibt verschiedene Arten von Binden und Tampons. Geben Sie Ihrer Tochter Gelegenheit, sich verschiedene Sorten anzusehen und diese auszuprobieren. Auch für Jungen ist es gut, wenn sie wissen, was Binden und Tampons sind und wie man sie benutzt.

Wenn ein Mädchen Tampons verwenden möchte, aber beim ersten Ausprobieren Schwierigkeiten hat, sollten Sie es beruhigen und ihm raten, es später noch einmal zu versuchen.

Besprechen Sie mit Ihrer Tochter, wo sie ihre Binden und Tampons in der Schule aufbewahren kann und was sie tun kann, wenn sie welche braucht, aber keine bei sich hat.

Besprechen Sie die Bedeutung der Hygiene während der Periode und die richtige Entsorgung von Binden und Tampons. In den meisten Schulen gibt es spezielle Abfallbehälter für Binden.

Siehe auch **Menstruation**

Bisexualität

Ein bisexueller Mensch fühlt sich von Männern und Frauen angezogen und hat möglicherweise sexuelle Beziehungen sowohl mit Männern als auch Frauen.

Siehe auch **Homosexualität**

Bordell (Massagesalon)

Bordelle sind Häuser, in welchen Prostitution betrieben wird.

Nicht alle Prostituierten arbeiten in einem Bordell. Manche bieten ihre Dienste per Telefon an (Callgirls) oder arbeiten selbständig.

Siehe auch **Prostitution**

Busen

Die Hauptfunktion der weiblichen Brüste ist die Produktion von Milch für Säuglinge. Die meisten Frauen empfinden bei Berührungen der Brüste sexuelle Lust, und manche Männer werden durch den Anblick weiblicher Brüste sexuell erregt.

Die Brust besteht aus Fettgewebe, Milchdrüsen (die die Milch produzieren) und Milchgängen (in denen die Milch gespeichert wird). Der dunkle Kranz um die Brustwarze wird Brustwarzenring genannt. Die Größe und Form der weiblichen Brüste hängt von erblichen Faktoren, dem Alter und der Fettmenge des Körpers ab.

Brustkrebs ist die häufigste Krebserkrankung bei Frauen. Jede Frau sollte ihre Brüste regelmäßig abtasten, um ihre Form und Beschaffenheit kennen zu lernen, sodass sie Knoten oder andere Veränderungen frühzeitig erkennen kann. Das nennt man Selbstuntersuchung der Brust. Wenn Brustkrebs frühzeitig entdeckt wird, sind die Heilungschancen besonders groß.

Gesprächsanregung

Viele Frauen sind mit der Größe oder Form ihres Busens unzufrieden, manche so sehr, dass sie chirurgische Eingriffe vornehmen lassen, um die Brust zu vergrößern oder zu verkleinern. Sprechen Sie die Gründe an, weshalb Frauen die Größe ihrer Brüste für so wichtig halten. Sie glauben beispielsweise, dass nur große oder feste Brüste sexuell attraktiv seien. Weisen Sie auf den Einfluss der Medien hin. Heben Sie hervor, dass es den »perfekten Busen« gar nicht gibt und dass die Brüste jeder Frau anders sind.

Chlamydien

siehe **Sexuell übertragbare Krankheiten**

Ehelosigkeit *siehe* **Enthaltsamkeit**

Ei (Ovum)

Das Ei ist die weibliche Keimzelle.

Die Eierstöcke enthalten bereits bei der Geburt Hunderttausende angelegter Eizellen. Im Laufe des Lebensabschnitts, in dem die Frau gebärfähig ist, reifen an die 400 Eizellen heran. Diese haben etwa die Größe einer Stecknadelspitze oder eines Sandkorns.

In der Pubertät wachsen die Eierstöcke, dann lassen sie etwa alle 28 Tage ein Ei heranreifen und stoßen es ab. Das wird Eisprung (Ovulation) genannt und findet etwa 12 bis 16 Tage vor der Menstruation statt.

Siehe auch **Befruchtung** *und* **Menstruation**

Eierstöcke (Ovarien)

Die Eierstöcke sind zwei ovale Organe, jeweils am Ende eines der beiden Eileiter.

Die Eierstöcke haben etwa die Größe und Form von Mandeln. Sie enthalten die Eizellen und produzieren die Hormone Östrogen und Progesteron.

Die Eierstöcke der Frau stoßen von der Pubertät bis zur Menopause Eizellen ab und produzieren Hormone.

Eileiter

Die Eileiter sind zwei etwa 10 Zentimeter lange Organe, die die Eierstöcke mit der Gebärmutter verbinden.

An der Stelle, wo sie in die Gebärmutter führen, sind die Eileiter eng, etwa so dick wie eine Spaghettinudel. Sie verbreitern sich zu einer Art Trichter, mit fingerartigen Enden. Diese werden Fimbrien genannt und sind jeweils über einen Eierstock gestülpt, ohne ihn jedoch zu berühren.

Wenn ein Ei vom Eierstock ausgestoßen wird, nehmen es die Fimbrien auf und leiten es in den Eileiter, wo es befruchtet werden kann. Verklebte oder verwachsene Eileiter sind häufig die Ursache der Unfruchtbarkeit einer Frau.

Siehe auch **Unterleibsentzündung**

Eileiterschwangerschaft

Eine extrauterine Schwangerschaft liegt vor, wenn sich ein befruchtetes Ei außerhalb der Gebärmutter, zumeist in einem Eileiter, einnistet.

Die Behandlung erfordert gewöhnlich eine Operation zur Entfernung des betroffenen Teils des Eileiters und zur Beendigung der Schwangerschaft. Wenn der andere Eileiter der Frau gesund ist, gibt es keinen Grund, wieso sie nicht wieder schwanger werden könnte.

Eileiterschwangerschaften treten heutzutage infolge der Zunahme von sexuell übertragbaren Krankheiten, die die Eileiter schädigen können, häufiger auf.

Embryo *siehe* **Schwangerschaft**

Empfängnisverhütung (Geburtenkontrolle, Familienplanung)

Empfängnisverhütung ist die bewusste Vermeidung von Empfängnis oder Befruchtung.

Antibabypille (Ovulationshemmer)

✓ *Kombinierte Präparate*
(Stufenpräparate, Zweiphasenpille)

»Die Pille« ist ein empfängnisverhütendes Mittel zum Einnehmen, das Östrogen und Gestagen enthält. Es ist wichtig, sie jeden Tag zur selben Zeit einzunehmen. Die Pille ist eine sehr sichere Methode der Geburtenkontrolle, wenn sie richtig eingenommen wird. Sie unterdrückt den Eisprung (Ovulation) und verändert die Schleimhaut des Gebärmutterhalses, sodass die Samenzellen nur schwer in die Gebärmutter vordringen können. Zu den möglichen Nebenwirkungen gehören Übelkeit, Kopfschmerzen, Wassereinlagerungen, Brustschmerzen und schwache Zwischenblutungen. Bei den meisten Frauen lassen diese Nebenwirkungen nach einigen Monaten nach. Weil ein geringes Risiko langfristiger Nebenwirkungen besteht, sollten sich alle Frauen, die die Pille nehmen wollen, einer gründlichen ärztlichen Untersuchung unterziehen. Nicht alle Frauen können die Pille einnehmen. Man erhält die Pille nur auf Rezept, durch einen niedergelassenen Arzt oder ein Familienplanungszentrum.

✓ *Minipille*

Die Minipille enthält nur ein Hormon, nämlich Gestagen, in niedriger Dosierung. Sie wirkt empfängnisverhütend, da sie den Schleim im Gebärmutterhalskanal verändert und dadurch das Eindringen der Samenzellen in die Gebärmutter erschwert. Sie verändert auch die Gebärmutterschleimhaut und verhindert so die Einnistung einer befruchteten Eizelle. Sie ist zwar nicht ganz so sicher wie ein kombiniertes Präparat, hat aber weniger Nebenwirkungen und eignet sich auch für stillende Mütter.

✓ *Dreimonatsspritze*

Vierteljährlich wird eine große Menge Langzeit-Gestagene gespritzt. Die Dreimonatsspritze ist eine sehr sichere Verhütungsmethode, hat aber einige Nebenwirkungen wie Kopfschmerzen, Ausbleiben der Periode, Zyklusstörungen, Gewichtszunahme und eine mögliche Verzögerung der Fruchtbarkeit nach Absetzen der Spritze. Sie wirkt ähnlich wie die Minipille, da der Hormonspiegel konstant bleibt, ist sie aber sicherer.

✓ *Hormonimplantate*

Eine lang wirkende Verhütungsmethode ist ein Hormonimplantat, das direkt unter die Haut der Frau gelegt wird, meist am Unterarm. Es besteht aus mehreren kleinen mit Progesteron gefüllten Silikonkapseln oder -stäbchen. Das Hormon wird langsam in den Körper der Frau abgegeben und verhindert Schwangerschaften, indem es den Zervikalschleim verdickt und die Gebärmutterschleimhaut verändert. Hormonimplantate sind eine sehr sichere und angenehme Verhütungsmethode und auch in Deutschland zugelassen.

Coitus Interruptus (Unterbrochener Geschlechtsverkehr, »Aufpassen«)

Beim Coitus Interruptus wird der Penis kurz vor dem Samenerguss aus der Scheide der Frau zurückgezogen. Das ist eine unsichere Methode der Empfängnisverhütung, da kleine Mengen Samenflüssigkeit schon vor der Ejakulation austreten. Es erfordert Kontrolle und Übung, um zu wissen, wann der Penis zurückgezogen werden muss. Diese Methode bietet zudem keinen Schutz vor sexuell übertragbaren Krankheiten.

Diaphragma

Ein Diaphragma ist eine runde, gewölbte, weiche Gummischeibe, die vor dem Geschlechtsverkehr in die Scheide eingesetzt wird, wo sie den Muttermund umschließt. Sie wirkt als Barriere und verhindert das Eindringen des Spermas in die Gebärmutter. Das Diaphragma muss nach dem Geschlechtsverkehr mindestens 6 bis 8 Stunden liegen bleiben.

Meist wird empfohlen, es in Verbindung mit samentötenden Cremes zu benutzen. Ein Diaphragma sollte von einem Arzt oder einer entsprechend ausgebildeten Mitarbeiterin eines Familienplanungszentrums (Pro Familia) angepasst werden, um sicherzustellen, dass es die richtige Größe hat.

Intrauterinpessar (IUP, Spirale)

Die Spirale ist ein kleines Plastikteilchen, manchmal mit einem dünnen Kupferdraht umwickelt, das in die Gebärmutter eingesetzt wird. Manche enthalten auch ein Gestagen-Reservoir. Die Spirale verhindert die Einnistung einer befruchteten Eizelle in der Gebärmutter, außerdem beeinträchtigt sie die Bewegungsfähigkeit der Samenfäden. Manche Spiralen können bis zu 8 Jahren im Körper bleiben. Spiralen müssen grundsätzlich von einem Arzt eingesetzt werden.

Die Spirale ist für manche Frauen gut geeignet, aber wie die meisten Verhütungsmethoden hat sie mögliche Nebenwirkungen. Dazu zählen verstärkte Blutungen und Unterleibskrämpfe. Für junge Frauen oder Frauen, die noch kein Kind geboren haben, eignet sich die Spirale wegen der möglichen Nebenwirkungen, die die Fruchtbarkeit beeinträchtigen können, nur selten.

Kondom
(Präservativ, Gummi, Pariser)

Ein Kondom ist ein hauchdünner Gummischlauch, der über den erigierten Penis gestreift wird, die Samenflüssigkeit auffängt und damit verhindert, dass diese in die Scheide gelangt. Das Kondom ist das einzige Verhütungsmittel, das zugleich vor Ansteckung mit sexuell übertragbaren Krankheiten schützt. Kondome erhält man in Apotheken, Drogerie- und Supermärkten und Tankstellen sowie an Automaten in öffentlichen Toiletten.

Kondom für die Frau (Femidom)

Das Kondom für die Frau ist aus synthetischem Gummi und größer als das Kondom für den Mann. Es besitzt an beiden Enden einen biegsamen Ring. Ein Ring hält es um den Muttermund, so wie das Diaphragma, und der andere am Scheideneingang fest. Das Kondom für die Frau ist nicht überall erhältlich; in Deutschland bekommt man es über internationale Apotheken (in Großstädten).

Natürliche Familienplanung (Billings-Methode, Kalender-Methode, Knaus-Ogino-Methode, Rhythmus-Methode, symptothermale Methode, vorübergehende Abstinenz)

Bei der natürlichen Familienplanung vermeidet man Geschlechtsverkehr vor und nach dem Eisprung. Es gibt zahlreiche Möglichkeiten, mit denen Frauen den Zeitpunkt des Eisprungs vorhersagen können. Die sicherste Methode ist eine Kombination aus Messen der Basaltemperatur (kurz vor dem Eisprung steigt sie um etwa 0,2 Grad an; nach dem Eisprung um etwa 0,5 Grad) und der Beobachtung des Zervikalschleims (vor dem Eisprung wird er glasig und lässt sich fädig auseinander ziehen wie rohes Eiweiß). Diese Methode ist zuverlässiger, wenn der Menstruationszyklus der Frau regelmäßig ist und das Paar eine hohe persönliche Motivation und Selbstdisziplin besitzt. Sie eignet sich für Paare, die aus religiösen oder sonstigen Gründen andere Verhütungsmittel ablehnen.

Viele Frauen nutzen ähnliche Methoden, um ihre fruchtbaren Tage festzustellen, wenn sie schwanger werden wollen.

Tubensterilisation (Unterbindung der Eileiter der Frau)

Die Tubensterilisation erfolgt durch einen chirurgischen Eingriff, bei dem die Eileiter der Frau durchtrennt werden, sodass Ei und Samen nicht zusammentreffen können. Die Eileiter werden abgebunden oder verschweißt. In den meisten Fällen wird eine Laparoskopie vorgenommen, wobei zwei kleine Schnitte gemacht werden, einer beim Bauchnabel, der andere im Bereich des Schamhaars. Die Frau erhält meist eine leichte Vollnarkose und kann wenige Stunden nach dem Eingriff wieder nach Hause.

Vasektomie (Sterilisation des Mannes)

Die Vasektomie ist ein chirurgischer Eingriff, bei dem die Samenleiter des Mannes (durch die der Samen von den Nebenhoden, wo er vor der Ejakulation gespeichert wird, durch den Penis gelangt) durchtrennt werden. Der Mann hat weiterhin Samenergüsse, aber das Ejakulat enthält keine Samenzellen mehr. Die Samenzellen werden vom Gewebe aufgenommen und im Körper aufgelöst. Nachdem ein Mann eine Vasektomie hat vornehmen lassen, muss er noch circa zwei bis drei Monate lang ein anderes Verhütungsmittel benutzen, da sich noch immer einige Samenzellen in den Samenleitern befinden können. Mit Sicherheit unfruchtbar ist er erst dann, wenn eine Nachuntersuchung anzeigt, dass sich keine Samenzellen mehr in seinem Ejakulat befinden.

Sowohl die Sterilisation des Mannes als auch die der Frau ist in der Regel endgültig. Es gibt zwar einige Fortschritte bei Operationen, die die Sterilisation rückgängig machen, doch kann dies nicht garantiert werden. Deshalb ist es wichtig, dass sich der Einzelne oder das betreffende Paar diesen Schritt sehr gründlich überlegt.

Verhütung »danach«

✓ *»Die Pille danach«*

Die »Pille danach« ist nicht zu verwechseln mit der »Abtreibungspille« (RU 486, Mifegyne).

Als »Pille danach« werden nur für den Notfall gedachte Hormontabletten (z. B. Tetragynon) bezeichnet, die spätestens nach 48–72 Stunden eingenommen werden. Die Frau muss dabei innerhalb von 12 Stunden vier hoch dosierte Östrogen- und Gestagenpillen einnehmen.

Die »Pille danach« kann genutzt werden, wenn ungeschützter Geschlechtsverkehr stattgefunden hat, wenn ein Kondom gerissen ist, wenn eine Frau vergessen hat, die Pille einzunehmen oder nach einer Vergewaltigung. Die »Pille danach« ist sehr zuverlässig und wirkt durch Hemmung entweder des Eisprungs oder der Einnistung, je nachdem, in welcher Phase des Menstruationszyklus sie eingenommen wird. Die Präparate sind verschreibungspflichtig und über den Arzt, Pro Familia und Kliniken erhältlich.

✓ *Intrauterinpessar (IUP, Spirale)*

Auch eine Spirale wirkt als nachträgliches Verhütungsmittel. In diesem Fall sollte sie innerhalb von 5 Tagen nach dem ungeschützten Geschlechtsverkehr eingesetzt werden.

Zäpfchen und Salben (Schaumzäpfchen)

Spermien tötende Schaumzäpfchen, Cremes oder Gel bestehen aus Substanzen, die die Spermien abtöten. Sie werden vor dem Geschlechtsverkehr in die Scheide eingeführt. Spermien tötende Mittel sind als alleinige Verhütungsmethode nicht zuverlässig und sollten nur in Verbindung mit einem Diaphragma oder Kondom benutzt werden.

Endometriose

Endometriose ist eine Krankheit, bei der sich das Endometrium (die Gebärmutterschleimhaut, die im Normalfall nur das Innere der Gebärmutter auskleidet) außerhalb des Uterus angesiedelt hat. Dies kann zum Beispiel an den Eierstöcken sein, an der Außenwand der Gebärmutter, in den Eileitern oder dem Darm.

Zu den Symptomen gehören schmerzhafte und/oder verstärkte Regelblutungen, Schmerzen beim Geschlechtsverkehr und unklare Unterbauchschmerzen. Oft zeigen sich aber keinerlei Symptome. Manche Frauen mit Endometriose werden nur schwerlich schwanger. Es gibt verschiedene Behandlungsmethoden durch Medikamente und operative Eingriffe.

Enthaltsamkeit (Abstinenz, Ehelosigkeit, Keuschheit, Zölibat)

Man spricht von Enthaltsamkeit, wenn ein Mensch auf Geschlechtsverkehr oder andere sexuelle Handlungen verzichtet. Die Enthaltsamkeit kann dauerhaft oder nur vorübergehend sein. Manche Religionen, wie z. B. die katholische Kirche, fordern, dass die Geistlichen enthaltsam, also im Zölibat, leben.

Ein geringer Prozentsatz der Menschen ist an Sex nicht interessiert und entscheidet sich, keinen Sex zu haben. Für manche Menschen ist die Enthaltsamkeit oder Ehelosigkeit die richtige Entscheidung.

Gesprächsanregung

Welches sind Gründe, warum Menschen die Enthaltsamkeit vorziehen?

Erektion

Bei einer Erektion kommt es zu vermehrtem Blutandrang im Penis, er richtet sich dadurch auf, wird größer und steifer. Der Penis des Mannes muss erigiert sein, damit es zum Geschlechtsverkehr kommen kann. Alle Jungen, auch schon Babys vor der Geburt, haben Erektionen; diese werden nach der Pubertät häufiger. Ebenfalls mit der Pubertät kommt es zu Erektionen, die auf sexuelle Reize oder Phantasien zurückzuführen sind. Vor und nach der Pubertät kommt es auch zu ungewollten Erektionen, die aus keinem erkennbaren Grund auftreten.

Gesprächsanregung

Ungewünschte Erektionen können jungen Männern peinlich sein, weil sie dann meinen, dass »alle« es bemerken. Weisen Sie darauf hin, dass die Erektion meist zurückgeht, wenn man an etwas Langweiliges denkt.

Besprechen Sie, was junge Männer tun können, wenn sie zu ungünstiger Zeit, in der Schule, beim Sport oder in Bus oder Bahn, eine Erektion haben.

Fehlgeburt (spontaner Abort)

Eine Fehlgeburt ist die spontane Beendigung einer Schwangerschaft in den ersten 20 Wochen.

Etwa 15 Prozent der Schwangerschaften enden durch eine Fehlgeburt und noch mehr ereignen sich, bevor die Schwangerschaft überhaupt festgestellt wurde oder die Frau ahnt, dass sie schwanger ist.

Die Ursache für eine Fehlgeburt ist nicht immer klar. Es kann daran liegen, dass die Frucht erblich geschädigt ist, die Mutter an einem Virus oder einer anderen Krankheit leidet, die Gebärmutter die Schwangerschaft nicht aufrechterhalten kann oder hormonelle Störungen vorliegen. Ganz zu Beginn einer Schwangerschaft ist das Risiko einer Fehlgeburt besonders groß. Nach den ersten 12 Wochen nimmt es deutlich ab. Normalerweise hat eine Fehlgeburt keine langfristigen körperlichen Folgen; die Frau leidet jedoch häufig unter dem psychischen Schmerz, der durch den Verlust entsteht.

Siehe auch **Abtreibung**

Gesprächsanregung

Besprechen Sie, wie sich eine Frau nach einer Fehlgeburt fühlen mag, und auch, wie der Vater und andere Familienmitglieder sich fühlen.

Was ist der Unterschied zwischen einer spontanen Fehlgeburt und einer willentlich herbeigeführten Abtreibung bzw. Schwangerschaftsunterbrechung?

Feigwarzen

siehe **Sexuell übertragbare Krankheiten**

Feuchte Träume (nächtlicher Samenerguss)

Als feuchten Traum bezeichnet man einen Samenerguss, zu dem es während des Schlafes kommt.

Mit feuchten Träumen entledigt sich der Körper des Überschusses an Spermien. Jungen haben zumeist ihre ersten feuchten Träume, wenn sie etwa 13 oder 14 sind, aber das hängt vom Entwicklungsstand des Jungen ab. Es lässt sich schwer sagen, wie oft ein Junge feuchte Träume haben wird. Das hängt wiederum von seinem Entwicklungsstand ab und davon, ob er durch Selbstbefriedigung

ejakuliert oder Geschlechtsverkehr hat. Manchmal kann sich ein Junge an einen sexuell erregenden Traum erinnern, ein anderes Mal an gar nichts.

Siehe auch **Samenflüssigkeit** *und* **Spermien**

Gesprächsanregung

Es ist wichtig, dass man mit Jungen über feuchte Träume spricht, bevor es dazu kommt, und ihnen versichert, dass feuchte Träume ganz normal sind.

Mädchen haben keine feuchten Träume. Allerdings kann es vorkommen, dass sie Träume haben, die sie erregen und die Scheide wesentlich feuchter werden lassen.

FILZLÄUSE *siehe* **Sexuell übertragbare Krankheiten**

FÖTUS *siehe* **Schwangerschaft**

FRIGIDE

Das Wort »frigide« wird benutzt, um einen Menschen zu beschreiben, der kein Interesse am Sex hat oder keine sexuelle Befriedigung finden kann.

Die Libido, der Geschlechtstrieb, ist individuell äußerst unterschiedlich und unterscheidet sich von Mensch zu Mensch und kann sich täglich, wöchentlich oder mit den verschiedenen Lebensabschnitten verändern.

Für einen Mangel an sexuellem Verlangen können verschiedene Faktoren verantwortlich sein; dazu gehören Unwissenheit über sexuelle Dinge, Schuldgefühle, wenn es um Sex geht, oder Ablehnung der Art, in welcher der Partner die Initiative zu ergreifen versucht.

Gesprächsanregung

Frigide ist ein Begriff, der manchmal von jungen Männern als Beleidigung für Frauen benutzt wird, die keinen Geschlechtsverkehr mit ihnen haben wollen. Dass jemand zu einem bestimmten Zeitpunkt keinen Geschlechtsverkehr mit einem bestimmten Partner haben möchte, bedeutet nicht, dass er oder sie keine sexuellen Regungen und Verlangen verspürt. Ist es fair, sie oder ihn als »frigide« zu bezeichnen?

Das Wort »frigide« wird so gut wie nie für Jungen und Männer verwandt. Wieso wohl nicht? Wollen alle Männer zu jeder Zeit Sex?

FRUCHTWASSER *siehe* **Schwangerschaft**

FRÜHGEBURT

Von Frühgeburten spricht man bei Geburten vor der 37. Schwangerschaftswoche.

Es gibt viele Gründe für eine Frühgeburt. Vielleicht liegt es daran, dass der Muttermund zu schwach ist, dass bei Mutter oder Baby gesundheitliche Probleme auftreten oder dass die Frau Mehrlinge erwartet. Oft ist die Ursache unklar.

Heutzutage haben Frühgeborene sehr gute Überlebenschancen, vor allem, wenn sie in einem großen Krankenhaus geboren werden, wo sie spezielle medizinische Versorgung erhalten. Frühgeborene bleiben meist einige Zeit im Krankenhaus, und die Mutter geht ohne ihr Baby nach Hause.

Gesprächsanregung

Besprechen Sie einige Sorgen, die Eltern eines Frühgeborenen haben: die Sorgen um Überleben und Gesundheit des Babys; wie sich eine Mutter fühlt, die das Krankenhaus ohne ihr Baby verlässt; wie sie den Milchfluss aufrechterhalten kann; die Angst bei späteren Schwangerschaften.

G-Punkt

Der G-Punkt wird allgemein als ein besonders berührungsempfindlicher Bereich an der Vorderwand der Scheide bezeichnet.

Manche Frauen empfinden bei der Stimulation dieses Bereiches sexuelle Lust, die zum Orgasmus führen kann.

Gebärmutter (Uterus)

Die Gebärmutter ist ein Hohlorgan im weiblichen Unterleib und liegt hinter der Blase. Ein befruchtetes Ei nistet sich in der Gebärmutterschleimhaut ein, die es ernährt.

Die dicken Wände der Gebärmutter bestehen aus starken Muskeln, und sie ist in der Lage, sich zu dehnen und ein voll ausgetragenes Baby zu umschließen und es dann bei der Geburt auszutreiben.

Die Gebärmutter besteht aus drei Schichten, dem Perimetrium, dem Myometrium und dem Endometrium. Das Perimetrium ist die äußere Schicht, die den Uterus in seiner Lage hält. Das Myometrium ist die Muskulatur, die sich beim Orgasmus, der Geburt und Menstruation zusammenzieht. Das Endometrium, die Gebärmutterschleimhaut, ist die innere Schicht, die Auskleidung, die während der Menstruation teilweise abgestoßen wird und Nährstoffe für den sich entwickelnden Embryo bereithält.

Bei einer Frau, die nicht schwanger ist, hat die Gebärmutter in etwa die Größe und Form einer kleinen, auf den »Kopf« gestellten Birne.

Der Hals der Gebärmutter wird die Zervix genannt.

Siehe auch **Zervix** *und* **Menstruation**

Geburt

Babys werden entweder durch die Scheide oder durch einen chirurgischen Eingriff, den Kaiserschnitt, geboren.

Eine natürliche Geburt verläuft in drei Phasen. In der Eröffnungsphase dehnt sich der Muttermund, die Öffnung der Gebärmutter, so weit, dass der Kopf des Babys hindurchpasst. In der Austreibungsphase ziehen sich die Muskeln der Gebärmutter zusammen und stoßen das Baby durch den Geburtskanal, die Scheide. Die Abstoßung der Plazenta (des Mutterkuchens) nach der Geburt stellt die dritte Phase dar, die Nachgeburtsperiode. Während dieses Geburtsvorgangs, so sagt man, liegt die Frau in Wehen.

Die meisten Babys werden mit dem Kopf voraus geboren. Manche Babys kommen aber in Steißlage, also mit dem Po oder den Füßen voraus, zur Welt.

Bei einer Geburt durch Kaiserschnitt wird das Baby durch einen Bauchschnitt direkt aus der Gebärmutter entbunden und ebenso die Plazenta. Gleich nach der Geburt wird der Schnitt wieder vernäht. In westlichen Ländern kommen etwa 20 Prozent der Babys durch Kaiserschnitt zur Welt. Ein Kaiserschnitt wird meist gemacht, wenn ein gesundheitliches Risiko für Mutter oder Kind vorliegt. Nach einem Kaiserschnitt besteht eine größere Gefahr von Infektionen und anderen Komplikationen als nach einer normalen Geburt. Im Allgemeinen ist die Gefahr von Komplikationen in guten medizinischen Einrichtungen gering.

In den vergangenen Jahrzehnten haben sich die Geburtsmethoden stark verändert. Oft ist heute der Vater bei der Geburt dabei, und die werdende Mutter kann sagen, wenn sie ältere Kinder, Verwandte oder eine gute Freundin bei sich haben möchte. Sprechen Sie über die heutigen Möglichkeiten im Vergleich zu dem, was Sie über die früheren Geburtsmethoden wissen.

Siehe auch **Frühgeburt, Totgeburt, Schwangerschaft**

Gesprächsanregung

Achten Sie darauf, dass ihre Diskussionen positiv und beruhigend verlaufen.

Neun von zehn Frauen brauchen bei der Geburt ihres ersten Kindes irgendwelche schmerzlindernden Medikamente – welche, können sie selbst entscheiden.

Manche Frauen ziehen es vor, ihr Kind nicht im Krankenhaus zur Welt zu bringen, sondern an Orten und in Positionen, die sie bevorzugen, so zu Hause, in einem Bad oder einem speziellen Geburtsbecken mit warmem Wasser oder in hockender Position. Besprechen Sie, wie Sie zu diesen Geburtsformen stehen.

Erzählen Sie Ihren Kindern von ihrer Geburt und der vorausgegangenen Schwangerschaft. Vielleicht können Sie sich an Ihre ersten Worte und Gefühle nach der Geburt erinnern? Erzählen Sie ihnen auch von anderen Erlebnissen, z. B. den Geburten ihrer Geschwister oder den Geburtserlebnissen von Freundinnen.

Geschlechtskrankheiten

siehe **Sexuell übertragbare Krankheiten**

Geschlechtstrieb (Libido)

Die Libido ist das Verlangen nach sexueller Aktivität. Die Libido eines Menschen ist von vielen Faktoren abhängig. Dazu gehören der allgemeine Gesundheitszustand, das Alter, individuelle Veranlagung, Alkohol, Drogen und Erschöpfung.

Siehe auch **Sexueller Erregungszyklus**

Geschlechtsverkehr

Geschlechtsverkehr bedeutet, dass der erigierte Penis in die weibliche Scheide eindringt.

Den »normalen« Geschlechtsverkehr gibt es nicht. Verschiedene Leute bevorzugen verschiedene Stellungen und haben unterschiedlich oft Geschlechtsverkehr. Manche Leute meinen, Geschlechtsverkehr sollte immer in einer bestimmten Stellung stattfinden, während andere diverse Positionen ausprobieren.

Sie wählen die Stellungen, je nachdem, ob diese bequem sind und ihnen sexuelle Lust bringen oder ob eine Schwangerschaft oder Krankheit vorliegt oder ob sie den persönlichen Vorlieben oder der körperlichen Verfassung entsprechen.

Die »Missionarsstellung« (der Mann liegt auf der Frau) vergrößert die Chance, dass es zu einer Schwangerschaft kommt. Die Samenflüssigkeit sammelt sich am Scheidenende, und der Muttermund taucht in diese Samenansammlung. Das ermöglicht ein leichteres Vordringen der Samenfäden tief in die Gebärmutter.

Gesprächsanregung

Geschlechtsverkehr hat man nicht nur zur Zeugung von Babys. Es gibt viele Gründe, warum Menschen Geschlechtsverkehr haben: um zu zeigen, dass sie sich lieben, weil es Spaß macht und sexuelle Spannung löst.

Verschiedene Menschen haben verschiedene Ansichten darüber, wann Geschlechtsverkehr richtig ist.

Manche Leute meinen, dass Geschlechtsverkehr nur in der Ehe stattfinden sollte. Andere halten es für ganz in Ordnung, Sex zu haben, bevor oder ohne dass man verheiratet ist. Besprechen Sie mit Ihrem Kind, was Sie meinen, begründen Sie Ihre Einstellung, und zwar in einer Weise, die einer gesunden und positiven Einstellung zum Geschlechtsverkehr und zur Sexualität allgemein förderlich ist.

Geschlechtsverkehr ist ein normaler und gesunder Teil der Sexualität.

Sprechen Sie mit Ihrem Kind über die Risiken von ungeschütztem Geschlechtsverkehr wie Schwangerschaft und sexuell übertragbare Krankheiten. Es ist wichtig, auch über die emotionalen Risiken zu sprechen, die Jugendliche eingehen, wenn sie ungeschützten Geschlechtsverkehr oder Sex haben, bevor sie wirklich reif dazu sind.

Geschlechtsverkehr sollte nur stattfinden, wenn beide Partner dazu bereit sind.

GONORRHÖE

siehe **Sexuell übertragbare Krankheiten**

Hepatitis B

siehe **Sexuell übertragbare Krankheiten**

Herpes

siehe **Sexuell übertragbare Krankheiten**

HIV/AIDS (Humaner Immunschwäche-Virus)

Das Humane Immunschwäche-Virus zerstört ganz allmählich das Immunsystem, sodass der Körper sich nicht mehr gegen Infektionen und andere Krankheiten zur Wehr setzen kann.

AIDS ist eine Abkürzung für *Acquired Immune Deficiency Syndrome,* zu Deutsch »erworbenes Immunschwäche-Syndrom«, durch das das körpereigene Abwehrsystem ausgeschaltet wird, sich Infektionskrankheiten ausbreiten und zum Tode führen können.

Menschen können viele Jahre lang das HIV-Virus in sich tragen, bevor wirklich AIDS ausbricht. Einige wenige, die sich Anfang der 1980er-Jahre mit dem HIV infiziert haben, haben bis heute kein AIDS. Aidskranke sterben meist an Infektionen, wie z. B. an Lungenentzündung oder bestimmten Krebsarten.

Menschen mit HIV können andere mit dieser Infektion anstecken, auch wenn sie keinerlei Krankheitssymptome haben.

HIV wird durch einen Bluttest festgestellt, der Antikörper gegen das Virus nachweist. Im frühen Stadium der Infektion kommt es vor, dass noch nicht genügend nachweisbare Antikörper gebildet wurden. Wenn ein Test negativ ist, sollte man nach 3 Monaten einen zweiten Test durchführen lassen.

HIV wird durch den Gebrauch infizierter Nadeln, medizinischer oder zahnärztlicher Instrumente oder durch ungeschützten Anal- oder Vaginalsex mit einer infizierten Person übertragen. Eine HIV-infizierte Mutter kann ihr Baby während der Schwangerschaft und Geburt, möglicherweise auch beim Stillen anstecken. Einige Menschen haben sich durch Bluttransfusionen mit HIV infiziert; heute werden Blutkonserven in den meisten Ländern gründlich getestet, sodass das Ansteckungsrisiko inzwischen sehr gering ist. Auch bei oralem Sex mit einem Infizierten kann man sich mit HIV anstecken, vor allem über Entzündungen und Risse im Gaumen oder im Genitalbereich. Eine HIV-Infektion kann vermieden werden, indem man »safer sex« praktiziert, keine Spritzen und Nadeln gemeinsam verwendet und sicherstellt, dass alle medizinischen und zahnärztlichen Instrumente keimfrei gemacht werden.

Gegenwärtig gibt es keine Immunisierung in Form von Impfungen gegen HIV. Es sind jedoch Medikamente auf dem Markt, die den Ausbruch von AIDS hinauszögern, und man kann die Folgekrankheiten und Infektionen behandeln.

Siehe auch **Sexuell übertragbare Krankheiten**

Gesprächsanregung

HIV wird nicht durch normale soziale Kontakte mit einem infizierten Menschen übertragen. Die Ansicht ist weit verbreitet, dass sich nur männliche Homosexuelle mit HIV anstecken. In manchen afrikanischen Ländern ist AIDS jedoch bei Männern und Frauen gleichermaßen verbreitet. Jeder Mensch kann sich mit AIDS anstecken, gleich ob sie oder er heterosexuell, homosexuell oder bisexuell ist. Wichtig ist nicht, was man ist, sondern was man tut.

HIV-positive Menschen werden manchmal ausgegrenzt. Es gibt Fälle, wo HIV-Infizierte ihren Arbeitsplatz verloren haben, ihnen die notwendige medizinische Versorgung verweigert wurde oder sie gezwungen wurden, die Schule zu verlassen. Diese Ächtung ist in der Angst der Leute vor einer Ansteckung mit HIV durch soziale Kontakte begründet.

Menschen mit anderen Krankheiten wie Krebs oder Diabetes werden in der Regel nicht in dieser Weise diskriminiert und ausgegrenzt. Wieso ist es bei HIV anders?

Hoden (Testis)

Die Hoden sind zwei eiförmige Drüsen, die unter dem Penis in einem Hautsack, Hodensack oder Skrotum genannt, liegen. Die Hoden produzieren die Samenzellen und das männliche Sexualhormon Testosteron.

Ein Hoden hängt ein wenig tiefer als der andere, sodass beide gut zwischen die Schenkel passen. Die Hoden sind in 250 Segmente unterteilt, in etwa wie eine Orange. Jedes Segment besteht aus feinen Samenkanälchen. Die aufgeknäulten Samenkanälchen sind insgesamt fast dreihundert Meter lang.

Obwohl Hodenkrebs nicht häufig vorkommt, ist er doch die häufigste Krebsart bei Männern zwischen 15 und 45 Jahren. Deshalb werden Männer aufgefordert, ihre Hoden regelmäßig nach Veränderungen abzutasten.

Siehe auch **Hodensack**

Hodensack (Skrotum)

Der Hodensack ist der dünne, herunterhängende Hautsack, der die Hoden umschließt. Die Haut des Hodensacks ist meist dunkler gefärbt als die übrige Haut und mit wenig Haaren bedeckt.

Der Hodensack spielt für die Samenproduktion eine wichtige Rolle, weil durch ihn die Temperatur der Hoden kontrolliert wird. Samenzellen können nur bei einer um wenige Grade niedrigeren Temperatur als der Körpertemperatur gebildet werden. Die Hoden liegen außerhalb des Körpers, sodass Luft darum zirkulieren und sie kühl halten kann.

Höhere Außentemperaturen lassen die Muskeln des Hodensacks entspannen und die Hoden hängen dann tiefer, weiter vom Körper entfernt, um sie kühler zu halten.

Wenn es draußen kälter ist, ziehen sich die Muskeln zusammen und die Hoden rücken dichter an den Körper heran. Die Muskeln ziehen sich auch zusammen, wenn sich ein Mann ängstigt oder »unter Beschuss« steht. Das dient dem Schutz der Hoden.

Homophobie

Homophobie ist die übertriebene Angst vor Homosexualität.

Diese Angst kann in negativen moralischen, religiösen oder sozialen Ansichten über Homosexuelle begründet sein. Manche Leute befürchten, dass Homosexuelle versuchen würden, jene, die nicht homosexuell sind, zu verführen und auf ihre Seite zu ziehen. Andere haben vielleicht Angst vor Homosexuellen, weil sie sich vor AIDS fürchten oder weil sie sich ihrer eigenen sexuellen Neigung nicht ganz sicher sind. Die meisten dieser Ängste sind auf mangelnde Kenntnisse über Homosexualität und AIDS zurückzuführen.

Homophobie kann in Gewalt gegen Homosexuelle oder Menschen, die für homosexuell gehalten werden, ausarten. Jede Gewalt gegen andere ist – ganz unabhängig von der persönlichen Einstellung – nicht hinnehmbar.

Gesprächsanregung

Besprechen Sie Ihre Meinung über Gewalt gegen Homosexuelle und darüber, wie wichtig es ist, Respekt vor der Meinung anderer zu haben und ihr Recht auf ihre Intimsphäre und Sicherheit zu achten.

Homosexualität (Männer: Schwule; Frauen: Lesben)

Ein homosexueller Mensch fühlt sich von Gleichgeschlechtlichen angezogen und hat möglicherweise eine sexuelle Beziehung mit einem Partner des gleichen Geschlechts. (Ein heterosexueller Mensch fühlt sich von Andersgeschlechtlichen angezogen und hat eine sexuelle Beziehung mit einem Partner des anderen Geschlechts.)

An die fünf Prozent der erwachsenen Bevölkerung bezeichnen sich selbst als rein homosexuell. Allerdings macht ein weit höherer Prozentsatz der Bevölkerung homosexuelle Erfahrungen oder hat homosexuelle Phantasien.

Kinder interessieren sich oft dafür, wie Homosexuelle

Sex haben. Homosexuelle drücken ihre Sexualität in ähnlichen Formen aus wie heterosexuelle Menschen. Sie küssen sich und schmusen miteinander, berühren gegenseitig ihre Genitalien. Manche Homosexuelle praktizieren oralen Sex und männliche Homosexuelle auch analen Sex. Für die meisten dieser Paare ist Sex Teil einer innigen Liebesbeziehung.

Homosexualität gab es schon immer und in allen Kulturen. Der Grund, warum manche Menschen homosexuell sind, ist nicht eindeutig geklärt. Höchstwahrscheinlich werden sie schon so geboren. Manche Untersuchungen legen den Schluss nahe, dass auch soziale Einflüsse wie die Erziehung oder Kindheitserlebnisse eine Rolle spielen oder dass eine Kombination aus beidem, sozialen und biologischen Einflüssen, ganz entscheidend sein kann. Die sexuelle Neigung eines Menschen kann nicht verändert oder »geheilt« werden.

Die meisten Homosexuellen sagen, dass sie sich bereits in der frühen Jugend »anders« fühlten, obwohl es oft geraume Zeit dauerte, bis ihnen klar wurde, was ihre Gefühle bedeuteten. Manche erkennen ihre sexuelle Neigung erst sehr spät, manche nie. Leute, die sich von jemandem des gleichen Geschlechts angezogen fühlen, gehen nicht unbedingt auf diese Gefühle ein. Häufig werden sie von sozialen, moralischen, religiösen und kulturellen Einstellungen zurückgehalten.

Die Gesetze hinsichtlich der Homosexualität sind von Land zu Land verschieden. In den meisten Ländern liegt das gesetzliche Mindestalter für homosexuelle Kontakte zwischen Männern höher als für heterosexuellen Sex. Es gibt keine Gesetze hinsichtlich sexueller Beziehungen zwischen Lesben. In manchen Ländern ist homosexueller Sex gesetzeswidrig, obwohl diese Gesetzeslage durch Anti-Diskriminierungsgesetze zunehmend infrage gestellt wird.

Es gibt eine Reihe von Organisationen, so Selbsthilfegruppen und Homosexuellenzentren, an die sich Homosexuelle und ihre Familien wenden können.

Gesprächsanregung

Es gibt eine Vielzahl von Meinungen über Homosexualität. Manche Leute halten Homosexuelle für moralisch verwerflich, während andere sie für völlig akzeptabel halten. Viele sind der Meinung, dass dies außer dem betreffenden Paar niemanden etwas angeht. Sagen Sie Ihren Kindern, was Sie meinen und warum.

HIV/AIDS wird oft als reines Homosexuellenproblem angesehen. Aber jeder kann sich mit HIV infizieren, wenn er oder sie ungeschützten Sex hat.

Kinder fragen oft: »Warum möchte jemand schwul sein?« Menschen entscheiden sich nicht, homosexuell zu sein, sie sind es einfach, sie sind so veranlagt.

Viele machen während ihrer Jugend sexuelle Erfahrungen mit Gleichgeschlechtlichen. Das ist ganz normal und kann als Teil des sexuellen Lernprozesses angesehen werden. Es bedeutet nicht, dass der Jugendliche homosexuell ist.

Siehe auch **analer Sex, HIV, Homophobie** *und* **Bisexualität**

HORMONE

Hormone sind vom Körper produzierte und ins Blut abgegebene chemische Stoffe, die Stoffwechsel, Wachstum und Fortpflanzung steuern.

Wenn junge Leute in die Pubertät kommen, sind Hormone Auslöser der körperlichen und seelischen Veränderungen, die sie erleben. Die für diese Veränderungen verantwortlichen wichtigsten Hormone sind bei Mädchen das Östrogen und das Progesteron und bei Jungen das Testosteron.

Die Produktion dieser Hormone wird von einer kleinen Drüse an der Unterseite des Gehirns gesteuert, die Hirnanhangdrüse oder Hypophyse genannt wird.

HYMEN *siehe* **Jungfernhäutchen**

HYSTEREKTOMIE (OPERATIVE ENTFERNUNG DER GEBÄRMUTTER)

Eine Hysterektomie ist die operative Entfernung der Gebärmutter einer Frau. Manchmal werden auch die Eierstöcke, die Eileiter oder der Muttermund zusätzlich entfernt.

Hysterektomien werden zur Behandlung bestimmter Erkrankungen oder auch spezieller Krankheitsbilder des Uterus durchgeführt.

Heutzutage ist dies eine Routineoperation und ganz ungefährlich. Die Frau muss jedoch etwa eine Woche im Krankenhaus bleiben und braucht zur vollständigen Genesung mehrere Wochen Schonung.

Zum Zwecke der Empfängnisverhütung sollte keine Hysterektomie vorgenommen werden; es gibt weit schonendere Methoden der Geburtenkontrolle.

Impotenz

Impotenz bedeutet, dass ein Mann trotz sexueller Erregung keine Erektion erreicht.

Alkohol, Drogen (einschließlich ärztlich verschriebener Medikamente), Ängste, Depressionen und Krankheiten können zu Impotenz führen.

Wenn Männer älter werden, brauchen die meisten länger, um eine Erektion zu erreichen, und der Penis wird nicht mehr ganz so steif.

Gesprächsanregung

Männer können ziemlich unter Druck stehen, immer »sexuell in Form zu sein«, gleich, ob sie müde, unwohl oder zerstreut sind. Dieser Erfolgsdruck kann bei einem Mann ein Gefühl des Versagens hervorrufen oder ihn an seiner »Manneskraft« zweifeln lassen, wenn er nicht auf Befehl eine Erektion bekommt.

Das ist falsch – alle Menschen machen in ihrem Leben Phasen durch, in denen ihnen nicht sonderlich nach Sex zumute ist.

Inzest

Als Inzest bezeichnet man alle sexuellen Handlungen zwischen Menschen, die eng miteinander verwandt sind, z. B. zwischen Eltern und Kind, Großvater und Kind oder Geschwistern.

Siehe auch **Sexueller Missbrauch**

Jungfernhäutchen (Hymen)

Das Jungfernhäutchen ist ein dünnes Häutchen, das den Scheideneingang ganz oder teilweise bedeckt.

Fast immer sind kleine Öffnungen im Jungfernhäutchen, sodass das Menstruationsblut herausfließen kann. Während der Pubertät wächst die Scheide, und das Jungfernhäutchen dehnt sich und reißt gewöhnlich ein. Das ist vor allem dann der Fall, wenn ein Mädchen Tampons verwendet, viel Sport treibt und sich körperlich stark betätigt.

Meist wird das Jungfernhäutchen beim ersten Geschlechtsverkehr unter leichter Blutung zerstört; dann sprich man von Defloration (Entjungferung).

Gesprächsanregung

In manchen Kulturen wird das Zerreißen des Jungfernhäutchens mit dem Verlust der Jungfräulichkeit gleichgesetzt. Da das Jungfernhäutchen aber auch aus anderen Gründen als nur durch Geschlechtsverkehr reißen kann, trifft das nicht zu.

Jungfrau

Dieser Begriff beschreibt einen Menschen, der noch keinen Geschlechtsverkehr hatte.

Das wird oft mit einem unversehrten Jungfernhäutchen in Verbindung gebracht.

Gesprächsanregung

In vielen Kulturen ist es für Frauen wichtig, bis zu ihrer Hochzeit Jungfrau zu bleiben, während Jungfräulichkeit bei Männern als nicht so wichtig angesehen wird. Besprechen Sie die möglichen Gründe dafür. Das ist eine gute Gelegenheit, um über die gegenwärtige Einstellung junger Leute zur Jungfräulichkeit zu sprechen.

Siehe auch **Jungfernhäutchen**

Kaiserschnitt *siehe* **Geburt**

Klitoris (Kitzler)

Die Klitoris, ein kleines Organ etwa in Größe und Form einer Erbse, befindet sich vorn am Scheideneingang, wo die Schamlippen zusammentreffen. Sie hat viele Nervenenden und ist der berührungsempfindlichste Teil des Genitalbereichs der Frau.

Nur der oberste Teil der Klitoris ist von außen sichtbar. Die Größe der Klitoris unterscheidet sich von Frau zu Frau. Drüsensekret, Smegma, kann sich unter dem Klitoralschaft (einer Hautfalte, die die Klitoris bedeckt) bilden und Infektionen hervorrufen, wenn sich eine Frau in diesem Bereich nicht regelmäßig wäscht.

Die Klitoris ist ein Schwellkörper, der sich, wenn eine Frau sexuell erregt ist, aufrichtet und fester wird. Frauen gelangen in der Regel durch Reizung der Klitoris zum Orgasmus.

Siehe auch **Vulva**

Kondome *siehe* **Empfängnisverhütung**

Künstliche Befruchtung (IVF, künstliche Samenübertragung, »Retortenbaby«)

IVF bedeutet »In-Vitro-Fertilisation« und besagt, dass die Befruchtung einer Eizelle mit einer Samenzelle (des Partners oder auch eines Samenspenders) außerhalb der Gebärmutter der Frau stattfindet.

Die künstliche Befruchtung wird bei Paaren angewandt, die unfruchtbar sind. Der Begriff »Retortenbaby« ist eigentlich falsch: Die Befruchtung findet in einer speziellen Schale statt, die Petrischale heißt, nicht etwa in einer Retorte, und die Eizelle wird dann in die Gebärmutter der betroffenen Frau oder einer Leihmutter eingepflanzt.

Das erste »Retortenbaby« wurde 1978 in England geboren. Heute gibt es eine größere Anzahl an Techniken, mit deren Hilfe der Kinderwunsch eines unfruchtbaren Paares erfüllt werden kann.

Siehe auch **Leihmutterschaft**

Leihmutterschaft

Von Leihmutterschaft spricht man, wenn eine Frau das Baby einer anderen Frau austrägt.

Wenn eine Frau unfruchtbar ist, wird manchmal das Sperma ihres Partners oder eines anderen Mannes zur künstlichen Befruchtung (Insemination) einer anderen Frau benutzt.

Die Eizelle und das Sperma des betroffenen Paares können auch außerhalb des Körpers zusammengebracht (In-Vitro-Fertilisation) und danach in die Gebärmutter der Leihmutter eingepflanzt werden.

In manchen Fällen wird der Leihmutter Geld geboten, in anderen, vor allem wenn Familienmitglieder betroffen sind, nimmt sie die Schwangerschaft aus Liebe auf sich.

In vielen Ländern, so auch in Deutschland, sind Leihmutterschaften gesetzlich verboten, gleichgültig, ob es sich um eine geschäftliche Vereinbarung handelt oder nicht.

Siehe auch **Künstliche Befruchtung**

Gesprächsanregung

Leihmutterschaften sind heftig umstritten.

Sagen Sie Ihrem Kind, was Sie davon halten und warum.

Manchmal kann es für die Leihmutter schwer sein, das Baby nach der Geburt herzugeben.

LESBEN *siehe* **Homosexualität**

MAMMOGRAPHIE

Die Mammographie ist eine Röntgenaufnahme der Brust zur Erkennung von Krebserkrankungen.

Ärzte empfehlen in der Regel, dass Frauen über 40 alle zwei Jahre eine Mammographie vornehmen lassen sollten. Frauen, in deren Familie Brustkrebs vorkam, oder jene, die an Brustkrebs erkrankt waren, sollten sich öfters oder bereits in jüngeren Jahren einer Mammographie unterziehen.

MASTURBATION *siehe* **Selbstbefriedigung**

Menopause (Wechseljahre)

Die Menopause setzt nach der letzten Periode im Leben einer Frau ein, danach kann sie nicht mehr schwanger werden.

Mit den Wechseljahren hören die Eierstöcke auf, Eizellen reifen zu lassen, und die weiblichen Hormone produzieren kein Progesteron und Östrogen. Nach der Menopause werden allerdings vom Fettgewebe und den Nebennierendrüsen der Frau noch kleine Mengen Östrogen gebildet.

Die Menopause tritt gewöhnlich zwischen dem 45. und 55. Lebensjahr ein. Das Durchschnittsalter liegt bei 51 Jahren, doch es ist von Land zu Land etwas verschieden. Die Perioden einer Frau werden meist schon einige Jahre vor ihrem Aussetzen unregelmäßig. Der niedrigere Östrogenspiegel kann bei manchen Hitzewallungen, trockene Haut, eine trockene Scheide, Herzklopfen, Kopfschmerzen und Depressionen hervorrufen. Das Risiko von Osteoporose und Herzerkrankungen nimmt nach der Menopause zu.

Manche Frauen meinen, dass die Einnahme von Hormonpräparaten diese Begleiterscheinungen lindern kann. Veränderungen der Lebensführung und alternative Heilmethoden können sich ebenfalls günstig auswirken.

Zu einer künstlichen Menopause kommt es, wenn die Eierstöcke einer Frau entfernt oder durch Bestrahlung oder Chemotherapie geschädigt werden.

Gesprächsanregung

Die Wechseljahre sind ein ganz natürlicher Abschnitt im Leben einer Frau, wie die Pubertät.

Bei der Mehrzahl der Frauen hat die Menopause nur ganz geringe Auswirkungen auf ihr Leben.

Menstruation (Periode)

Die Menstruation ist die Abstoßung von Blutgewebe, Schleim und Schleimhautstückchen der Gebärmutterschleimhaut. Von der Pubertät bis zur Menopause setzt sie etwa alle 28 Tage ein.

Das Einsetzen der Menstruation wird von Hormonen gesteuert, die von der Hirnanhangdrüse an der Unterseite des Gehirns gebildet werden. Diese Hormone regen den Reifeprozess einer Eizelle und ihre Abstoßung vom Eierstock an. Zugleich führen die Hormone Östrogen und Gestagen zum Aufbau der Gebärmutterschleimhaut, die reich an Blut und Nährstoffen ist. Dies geschieht, um einen für die Entwicklung eines Embryos geeigneten Nährboden zu bilden. Wenn es zu keiner Befruchtung gekommen ist, wird die Gebärmutterschleimhaut abgebaut und ausgestoßen.

Bei jeder Periode fließen 200 bis 250 Milliliter, etwa eine Tasse voll, Flüssigkeit ab. Davon sind etwa 35 bis 50 Milliliter, zwei Esslöffel, Blut. Die durchschnittliche Dauer einer Blutung beträgt 5 Tage, aber sie kann auch nur 2 Tage dauern oder 7 Tage und mehr. Jede Periode kann verschieden lang sein.

In den letzten 150 Jahren fiel in den westlichen Ländern das Alter, in dem junge Mädchen ihre erste Periode haben, in jeder Generation um ein Jahr. Das ist wahrscheinlich auf die bessere, proteinhaltigere Ernährung zurückzuführen.

Das Durchschnittsalter der ersten Menstruation liegt in westlichen Ländern zwischen 12 und 14 Jahren, allerdings kann sie bei manchen Mädchen schon mit 9 oder 10 und bei anderen erst mit 15 oder 16 einsetzen. In den ersten ein, zwei Jahren können die Menstruationszyklen unregelmäßig sein. Sorgen, Stress, strenge Abmagerungskuren, Leistungssport oder weite Reisen wirken sich womöglich auf den Zyklus aus. Bei Mädchen, die Hochleistungssport betreiben oder die magersüchtig sind, können sich die Regelblutungen verzögern oder ganz ausbleiben, da sich der Hormonspiegel durch die geringe Menge an Körperfett verändert.

Gesprächsanregung

Die Menstruation ist ein ganz normaler Teil des Frauseins und sollte in positiver Weise besprochen werden. Je mehr Informationen ein Mädchen erhält, umso besser ist es vorbereitet und wird gelassener sein, wenn die erste Periode einsetzt.

Besprechen Sie, wie ein Mädchen auf die Periode vorbereitet werden kann. Man kann Mädchen diese Informationen nie früh genug geben.

Siehe auch Binden und Tampons

NABELSCHNUR *siehe* **Schwangerschaft**

NOTZUCHT *siehe* **Vergewaltigung**

ONANIE *siehe* **Selbstbefriedigung**

ORALER SEX

Oraler Sex bedeutet, dass jemand mit dem Mund die Genitalien eines anderen stimuliert und ihr oder ihm so sexuelle Lust bereitet.

Wie bei allen sexuellen Handlungen gibt es eine Vielzahl von Ansichten zum oralen Sex. Jüngste Studien zeigen, dass ein großer Prozentsatz der sexuell aktiven Menschen oralen Sex praktiziert.

Wenn ein Mann den Schambereich einer Frau küsst, nennt man dies Cunnilingus; wenn die Frau den Mann mit dem Mund befriedigt, wird das Fellatio genannt.

Durch oralen Sex ist die Übertragung von Krankheiten möglich, vor allem, wenn die beim oralen Sex aktive Person irgendwelche Entzündungen im Mund oder Krankheiten oder Verletzungen im Gaumen hat. Wenn diesbezüglich ein Risiko besteht, sollten beim oralen Sex Kondome benutzt werden.

Gesprächsanregung

Welche verschiedenen Einstellungen gibt es zum oralen Sex?

Wie bei jeder sexuellen Handlung ist es wichtig, dass den Leuten das, was sie tun, Spaß macht.

Orgasmus (Höhepunkt)

Ein Orgasmus ist ein Höhepunkt der sexuellen Gefühle und bedeutet ein hohes Maß an sexueller Erregung mit rhythmischem Zusammenziehen der Unterbauch- und Beckenmuskulatur. Er ist in der Regel von lustvollen Gefühlen begleitet, die den ganzen Körper durchströmen.

Einen Orgasmus erleben Menschen nicht nur beim Geschlechtsverkehr. Auch durch Selbstbefriedigung, gegenseitiges lustvolles Berühren der Genitalien oder durch oralen Sex kann man einen Orgasmus erreichen.

Die Intensität eines Orgasmus hängt von einer Vielzahl

von Faktoren ab, davon, wie erregt ein Mensch ist, vom Drumherum des sexuellen Beisammenseins und von der körperlichen und psychischen Verfassung.

Der Orgasmus des Mannes führt normalerweise zu einem Samenerguss. Die meisten Frauen kommen eher durch die Stimulation der Klitoris als der Scheide zum Orgasmus. Frauen können oft mehrere Male hintereinander zum Höhepunkt kommen.

Gesprächsanregung

Manche Menschen bekommen weder beim Geschlechtsverkehr noch durch Stimulation der Klitoris einen Orgasmus. Das kann daran liegen, dass sie sexuell nicht genug erregt sind oder über sexuelle Reaktionsweisen zu wenig Bescheid wissen. Vielleicht sind sie sich gar nicht sicher, ob sie wirklich Sex haben wollen, oder sie machen sich Sorgen, es könnte zu einer Schwangerschaft kommen oder sie könnten sich mit einer sexuell übertragbaren Krankheit anstecken, wenn sie keine Verhütungsmittel benutzen.

Viele Menschen haben unrealistische Vorstellungen davon, wie es beim Sex sein wird. Ihre Erwartungen beruhen möglicherweise auf dem, was sie in Büchern und Zeitschriften gelesen oder in Filmen gesehen haben.

Siehe auch Sexueller Erregungszyklus

Pädophilie

Pädophilie bedeutet, dass sich ein Erwachsener von Kindern angezogen fühlt und sexuell erregt wird.

Fast alle Pädophilen sind erwachsene Männer und häufig handelt es sich um Familienmitglieder, Freunde oder Bekannte. Die Mehrzahl der Missbrauchsfälle von Kindern durch Pädophile geschieht im häuslichen Bereich.

Sexuelle Handlungen von Erwachsenen mit Kindern unter einer bestimmten Altersgrenze, gleich welchen Geschlechts, sind gesetzeswidrig.

Siehe auch **Sexueller Missbrauch**

Pap Smear Test (Krebsabstrich)

Ein Pap Smear Test ist eine Untersuchungsmethode zur Erkennung von Gebärmutterhalskrebs.

Bei einem Pap Smear Test wird wie bei vielen anderen gynäkologischen Untersuchungen ein Instrument, das Spekulum heißt, in die Vagina eingeführt, um die Scheidenwände auseinander zu halten, sodass die Ärztin oder der Arzt den Muttermund sehen kann. Mit einem Holzspachtel oder einer kleinen Bürste fährt sie oder er über den Muttermund, um Zellen aufzunehmen, die dann auf einem Glasträger abgestreift werden. Die Probe wird in einem Labor auf krankhafte Zellen untersucht.

Wenn das Ergebnis des Pap Smear Tests normal ist, wird der Frau meist geraten, ihn alle zwei Jahre zu wiederholen. Zeigen sich gewisse Zellveränderungen, werden weitere Untersuchungen erforderlich und häufigere Pap Smear Tests empfohlen.

Alle Frauen, die jemals sexuell aktiv waren, sollten diesen Test regelmäßig durchführen lassen. Wenn Veränderungen am Muttermund frühzeitig erkannt werden, ist die Heilungschance sehr groß.

Gesprächsanregung

Tut ein Pap Smear Test weh? Er kann höchstens etwas unangenehm sein. Wenn sich das Mädchen oder die Frau entspannt, ist dieser Test meist nicht sonderlich unangenehm.

PENIS

Der Penis ist das äußere Geschlechtsorgan des Mannes. Er besteht aus Haut, Blutgefäßen und Schwellkörpern.

Die Funktion des Penis ist, Urin abzuleiten, die Samenflüssigkeit beim Geschlechtsverkehr in die Scheide zu bringen und sexuelle Lust zu gewinnen. Die Größe und Form eines Penis hat nichts mit der körperlichen Statur oder Ethnie des Mannes zu tun. Ein kleiner Penis vergrößert sich bei der Erektion meist mehr als ein großer Penis. Der Penis erigiert, wenn sich die Schwellkörper vermehrt mit Blut anfüllen.

Gesprächsanregung

Die Größe eines Penis sagt wenig darüber aus, wie er einer Frau sexuelle Lust und Befriedigung bereiten kann. »Größer heißt nicht unbedingt besser.«

PERIODE *siehe* **Menstruation**

PETTING *siehe* **Vorspiel**

Pilzerkrankungen (Candida)

Pilzerkrankungen sind die häufigste Ursache für Reizungen in der Scheide. Es handelt sich dabei um eine Pilzart, die bei jedem auf der Haut, im Mund und Darm vorhanden sind. Bei Frauen kommt diese auch in der Scheide vor. Normalerweise verursacht sie keine Probleme, aber unter bestimmten Umständen kommt es zu übermäßiger Vermehrung, die zu Scheidenausfluss, Jucken und Reizungen führt.

Zu Pilzerkrankungen kann es durch die Einnahme von Antibiotika oder der Pille kommen, zu einem bestimmten Zeitpunkt im Menstruationszyklus, während der Schwangerschaft, wenn ein Mensch »völlig fertig« ist oder häufig enge Hosen oder synthetische Unterwäsche, vor allem bei Hitze, trägt.

Die Behandlung erfolgt gewöhnlich durch pilztötende Cremes und die Einnahme von Medikamenten.

Plazenta *siehe* **Schwangerschaft**

Pornographie (Pornos)

Pornographie ist jede Art von Material, das mit dem Ziel, sexuelle Erregung hervorzurufen, produziert wird.

Die Gesetze hinsichtlich der Pornographie sind sehr verschieden. In den meisten Ländern sind manche Arten der Pornographie zugelassen, andere aber verboten, besonders Pornographie, die sexuelle Gewalt darstellt, und Kinderpornographie.

Gesprächsanregung

Es gibt viele Meinungen über Pornographie. Was manche Leute für annehmbar ansehen, halten andere für pornographisch und deshalb verwerflich. Sagen Sie Ihren Kindern, wie Sie dazu stehen und warum.

Pornographie stellt Männer oft in sexuell dominierenden Rollen dar, Frauen und Kinder dagegen als hilflose Wesen. Warum glauben Sie, ist das so?

Pornographie zeigt manchmal sexuelle Gewalt, meist gegen Frauen. Warum wohl? Warum möchte nun die angesprochene Zielgruppe die Welt gerne so sehen?

Prämenstruelles Syndrom (PMS)

Unter prämenstruellem Syndrom versteht man eine Vielzahl von Symptomen, die viele Frauen vor oder während ihrer Periode verspüren. Zwar zeigen sich bei der Mehrzahl der Frauen einige dieser Symptome, doch die meisten sind recht unbedeutend. Ein kleiner Prozentsatz hat schwerwiegende Symptome, die das Leben beeinträchtigen.

Mögliche Symptome sind:

Kopfschmerzen
Bauchkrämpfe
Rückenschmerzen
Müdigkeit
Blähungen
Brustspannen
Konzentrationsschwäche
Veränderungen der Libido (Geschlechtstrieb)
Schlafstörungen
Depressionen
Stimmungsschwankungen
Gereiztheit
gesteigerter Appetit
Wassereinlagerungen
Beklemmungen
Nervosität
Veränderungen der Darmtätigkeit

Man glaubt, dass das prämenstruelle Syndrom durch Hormonschwankungen ausgelöst wird.

Es gibt einige Maßnahmen, die zur Linderung der Symptome beitragen. Dazu gehören:

- ✓ eine ausgewogene Ernährung
- ✓ regelmäßig Sport und Entspannung
- ✓ Vitamine wie B_6 und Mineralien
- ✓ Manche Frauen empfinden Nachtkerzenöl (so Efamol) als wohltuend, dessen Wirkung medizinisch jedoch nicht nachgewiesen ist.
- ✓ Medikamente wie harntreibende Mittel und Schmerzmittel
- ✓ Hormone (die Pille)
- ✓ Therapien wie Massage, Yoga, Akupunktur und Heilkräuter

Wenn eine Frau oder ein Mädchen unter schweren prämenstruellen Syndromen leidet, sollte sie am besten einen Arzt oder Heilpraktiker aufsuchen, um sich über Behandlungsmöglichkeiten zu informieren.

Prostata (Vorsteherdrüse)

Die Prostata liegt direkt unter der Blase des Mannes, an ihr führen die Harnleiter vorbei. Die von der Prostata gebildete Flüssigkeit macht etwa 30 Prozent der Samenflüssigkeit aus und trägt zur Beweglichkeit der Samenfäden bei.

Bei den meisten älteren Männern vergrößert sich die Prostata. Wegen ihrer Lage kann dies zu Schwierigkeiten beim Wasserlassen führen. Manchmal sind Medikamente oder operative Eingriffe nötig, um Probleme zu beheben. Jeder Veränderung beim Wasserlassen sollte grundsätzlich nachgegangen werden. Bei den meisten Prostatabeschwerden handelt es sich nicht um Krebs, aber man sollte es nachprüfen.

Prostitution

Prostituierte können Männer wie Frauen sein, die gegen Bezahlung, meist gegen Geld, zu sexuellen Handlungen bereit sind.

Prostitution gab es schon immer und in fast allen Kulturen. Die Gesetze hinsichtlich der Prostitution sind von Land zu Land verschieden.

Der Begriff »Beschaffungsprostitution« bezieht sich auf Fälle, in denen Menschen als Gegenleistung für Essen, Wohnung oder Drogen Sex anbieten.

Gesprächsanregung

Es gibt viele verschiedene Einstellungen und Meinungen zur Prostitution, und wahrscheinlich wollen Sie besprechen, was Sie von Prostitution halten und warum.

In manchen Ländern ist die Gefahr, sich bei Prostituierten mit HIV/AIDS und sexuell übertragbaren Krankheiten anzustecken, groß. Wer mit Prostituierten Sex hat, sollte immer ein Kondom verwenden.

Die meisten Prostituierten betrachten Sexualität mit Kunden als Job. Sie tun »es« nicht aus Liebe oder zu ihrem eigenen sexuellen Vergnügen.

Pubertät *siehe* **Seiten 111–139**

Safer Sex

siehe **HIV** *und* **Sexuell übertragbare Krankheiten**

Samen

Der Samen ist das weiße Ejakulat aus dem Penis, das Samenfäden (Spermien) und Samenflüssigkeit enthält.

Ein Mann ejakuliert bei jedem Samenerguss etwa 5 Milliliter (einen Teelöffel) Samenflüssigkeit.

Die Spermien machen etwa 10 Prozent der Gesamtmenge des Samens aus. Bei der Ejakulation ist der Samen ziemlich dickflüssig, wird aber bald flüssiger, um die Beweglichkeit der Samenzellen zu unterstützen. Die Samenflüssigkeit enthält zudem Nährstoffe für die Samenzellen.

Die Samenflüssigkeit kommt aus der Vorsteherdrüse (Prostata), den Samenbläschen und den Bläschendrüsen.

Siehe auch **Spermien (Samenzellen)**

Samenerguss (Ejakulation)

Ein Samenerguss ist das Austreten der Samenflüssigkeit aus dem erigierten Penis.

Fast immer geht eine Ejakulation mit einem Orgasmus einher. Die Muskeln an der Peniswurzel ziehen sich zusammen und drücken die Samenflüssigkeit aus dem Körper. Die ejakulierte Menge der Samenflüssigkeit beträgt etwa 5 Milliliter oder einen Teelöffel voll und enthält bei einem erwachsenen Mann meist 300–500 Millionen Samenzellen.

Erst mit Erreichen der Pubertät kann ein junger Mann einen Samenerguss haben. Ein Mann kann nicht gleichzeitig ejakulieren und urinieren, weil sich Muskeln am Blasenboden zusammenziehen, um dies zu verhindern.

Frauen ejakulieren nicht so wie Männer. Doch die Absonderungen der Scheide und der Zervix nehmen bei sexueller Erregung und beim Orgasmus beträchtlich zu.

Samenleiter

Die Samenleiter sind feine Kanäle, die die Samenzellen aus den Hoden zu den Samenbläschen transportieren. Die Samenleiter sind etwa 355–455 Millimeter lang. Die operative Entfernung oder Durchtrennung und Verschließung der Samenleiter wird Vasektomie genannt.

Schamhaar

Das Schamhaar wächst bei Männern und Frauen im Genitalbereich. Die ersten Haare wachsen in der Pubertät.

Die Dichte des Schamhaars ist von Mensch zu Mensch verschieden. Manche haben nur wenig Schamhaar, bei anderen reicht es bis zum Nabel hinauf und bis an die Oberschenkel heran.

Das Schamhaar ist gewöhnlich dunkler als die Haare auf dem Kopf. Meist ist es am Anfang ganz fein und wird mit der Zeit fester und gekräuselt.

Schamlippen (Labia)

Die Schamlippen sind zwei lippenähnliche (daher auch Labia genannte) Hautfalten, die den Scheideneingang umgeben. Sie bestehen aus den großen (äußeren) und den kleineren (inneren) Schamlippen.

Wenn eine Frau die Beine schließt, treffen die großen Schamlippen zusammen, und die kleinen Schamlippen sind nicht zu sehen. Nach der Pubertät sind die äußeren Schamlippen mit Schamhaar bedeckt. Die kleinen Schamlippen sind sehr berührungsempfindlich. Sie sind wegen der Absonderung eines Sekrets durch Drüsen in den Schamlippen stets feucht.

Scheide (Vagina, Geburtskanal)

Die Scheide besteht aus Muskelgewebe und ist die etwa zehn Zentimeter lange Verbindung zwischen der Gebärmutter und dem Scheideneingang. Die Scheidenwände berühren sich, und das Muskelgewebe liegt in zahlreichen Falten, die eine Ausdehnung erlauben. Das untere Drittel der Scheide ist sehr berührungsempfindlich. In der Scheide herrscht ein leicht saures Milieu, das zusammen mit den Scheidensekreten Infektionen vorbeugt.

Wenn eine Frau sexuell erregt ist, weitet sich die Scheide, wird länger und feuchter.

Schwangerschaft

Ein befruchtetes Ei braucht bis zur vollen Reifung etwa 40 Wochen, also neun Monate. Manche Babys werden vor der 40. Schwangerschaftswoche geboren. Wenn ein Baby vor der 37. Woche geboren wird, nennt man das eine Frühgeburt (*siehe* **Frühgeburt**). Das Baby wächst im Uterus (Gebärmutter) der Frau heran. Bis etwa zum Ende des vierten Schwangerschaftsmonats wird das sich entwickelnde Baby Embryo genannt, danach Fötus bzw. Fetus. Der Fötus schwimmt in der Gebärmutter in einer Fruchtblase mit Fruchtwasser, das ihn während seines Wachstums schützt und polstert. Das Fruchtwasser enthält hauptsächlich Wasser, Proteine und Mineralien. Dahinein gelangt auch der Urin des Babys.

Die Plazenta, auch Mutterkuchen oder Nachgeburt genannt, ist mit der Gebärmutterwand verbunden. Sie wirkt wie ein Filter und versorgt das heranwachsende Baby mit Sauerstoff und Nährstoffen, leitet die Ausscheidungsprodukte des Babys ab und bildet Hormone. Sie löst sich nach der Geburt des Babys von der Gebärmutterwand und wird ausgestoßen.

Die Nabelschnur verbindet den Fötus mit der Plazenta. Sie besteht aus zwei Arterien und einer Vene. Nach der Geburt wird sie durchtrennt und die Verwachsung, die an der Bauchseite des Babys zurückbleibt, zum Nabel.

Die Vernix (Käseschmiere) ist die fetthaltige Schutzschicht, die die Haut des Babys vor und unmittelbar nach der Geburt bedeckt. Sie dient zum Schutz der Babyhaut in der Fruchtblase und als Gleitmittel bei der Geburt.

Gesprächsanregung

Besprechen Sie, wie eine Frau zu einer gesunden Schwangerschaft beitragen kann. Kommen Sie auf die Ernährung zu sprechen, auf Alkoholkonsum, die Einnahme von Medikamenten, das Rauchen, Sport und Schonung.

Die meisten Frauen bleiben heute bis zur Geburt ihres Babys aktiv. Das war nicht immer so. Besprechen Sie, wie sich die Einstellung zu Schwangerschaft und Geburt verändert hat.

Selbstbefriedigung (Onanie, Masturbation)

Selbstbefriedigung bedeutet, sich bis zum Orgasmus selbst zu stimulieren. Meist geschieht dies durch manuelle Stimulation des Penis oder der Klitoris, es kann aber auch das Berühren anderer Körperteile bedeuten.

Nicht jeder Mensch onaniert, manche tun es nur gelegentlich, andere dagegen recht häufig.

Gesprächsanregung

Selbstbefriedigung ist im Gegensatz zu den Ammenmärchen, die über sie verbreitet wurden, normal und gesund. Sie verschafft sexuellen Lustgewinn, ohne dass das Risiko besteht, schwanger zu werden oder sich mit sexuell übertragbaren Krankheiten anzustecken, und hilft den Leuten herauszufinden, was ihnen gut tut.

Manche Leute halten Selbstbefriedigung für unsittlich. Diese Einstellungen sind meist in der Ansicht begründet, dass sexuelle Lust etwas Schmutziges und Verwerfliches sei. Aufgrund dieser Vorstellungen fühlen sich viele Leute schuldig oder schämen sich, wenn sie onanieren.

Da Selbstbefriedigung eine intime Sache ist, sollte man sich dafür in sein Zimmer zurückziehen.

Sexartikel

Sexartikel sind Dinge, die Leute entweder an sich selbst oder an anderen zum sexuellen Vergnügen benutzen. Dazu können künstliche Penisse, aufblasbare Puppen mit Scheidenöffnungen, Vibratoren, Jux-Kondome und Reizwäsche gehören.

Diese Dinge sind je nach Gesetzeslage der betreffenden Staaten im freien Handel erhältlich. In manchen Ländern sind sie nur über den Versandhandel zu beziehen.

In den meisten Großstädten gibt es Sexshops. Der Zutritt ist nur Erwachsenen gestattet.

Gesprächsanregung

Für manche Leute bedeuten Sexartikel einfach Spaß, und sie verwenden sie, um ihr Sexualleben interessanter zu gestalten. Andere finden diese Sachen widerlich. Wie stehen Sie dazu?

Das gemeinsame Benutzen mancher Sexartikel kann zur Ansteckung mit sexuell übertragbaren Krankheiten führen. Sprechen Sie darüber, wie das geschehen könnte und wie es verhindert werden kann.

Wie bei allen sexuellen Handlungen kommt es darauf an, dass man sich bei dem, was man macht, wohl fühlt.

Sexuell übertragbare Krankheiten (Geschlechtskrankheiten)

Sexuell übertragbare Krankheiten sind Infektionen, die durch Sexualkontakt von einem Menschen auf den anderen übertragen werden.

Es gibt eine Vielzahl von sexuell übertragbaren Krankheiten; zu den weit verbreiteten gehören:

- ✓ Chlamydien
- ✓ Feigwarzen
- ✓ Filzläuse
- ✓ Gonorrhöe
- ✓ Hepatitis B
- ✓ Herpes genitalis
- ✓ HIV/AIDS
- ✓ Syphilis

Zu den Anzeichen für sexuell übertragbare Krankheiten gehören:

- ✓ jeder außergewöhnliche Ausfluss
- ✓ Schmerzen beim Wasserlassen oder häufiger Harndrang
- ✓ Schmerzen beim Geschlechtsverkehr
- ✓ Hautausschlag, Pickel, Entzündungen oder Warzen im Genitalbereich
- ✓ jede Art von Jucken und Reizung im Genitalbereich
- ✓ Unterleibsschmerzen

Chlamydien und Gonorrhöe (Tripper)

Chlamydien und Gonorrhöe sind Bakterieninfektionen, die beim Geschlechtsverkehr mit einem infizierten Partner übertragen werden. Chlamydien und Gonorrhöe sind die häufigsten Ursachen für Unterleibsentzündungen. Etwa 80 Prozent der Frauen und etwa 15 Prozent der Männer, die mit Chlamydien oder Gonorrhöe infiziert sind, haben keinerlei Symptome und werden folglich nicht behandelt.

Diese Infektionen können zur Schädigung der Fortpflanzungsorgane und in der Folge zu Unfruchtbarkeit sowohl der Frau als auch des Mannes führen, wenn sie nicht mit Antibiotika behandelt werden.

Feigwarzen

Feigwarzen werden durch Papillom-Viren (HPV) hervorgerufen. Die Hauptsymptome sind Warzen an oder in den Genitalien. Manchmal werden sie wegen ihrer Lage gar nicht bemerkt. Es gibt verschiedene Viren, die Warzen hervorrufen können, und die meisten davon sind harmlos. Eine geringe Zahl dieser Warzenviren steht im Verdacht, an der Entstehung von Gebärmutterhalskrebs beteiligt zu sein. Man geht heute davon aus, dass viele Menschen diese Viren in sich tragen, es aber nie zu einem Ausbruch von Warzen kommt, weil ihr Immunsystem dies in Schach hält.

Die Behandlung von Warzen erfolgt durch Betupfen mit Warzentinkturen, Kältechirurgie, Diamethrie oder Laserbestrahlung.

Filzläuse

Filzläuse sind sehr kleine krebsartige Parasiten, die meist durch enge Sexualkontakte übertragen werden. Die Reizungen werden durch Bisse hervorgerufen, die einen kleinen roten, stark juckenden Punkt hinterlassen. Filzläuse können mit Lotionen behandelt werden, die man in Apotheken erhält.

Hepatitis B

Hepatitis ist eine Infektion der Leber und wird durch ein Virus ausgelöst. Es gibt viele verschiedene Arten von Hepatitisviren. Hepatitis B ist eines davon und kann durch Geschlechtsverkehr übertragen werden. Das Virus wurde auch in Speichel, Blut, Urin und Schweiß nachgewiesen. Während einer Schwangerschaft kann das Virus von einer infizierten Mutter auf das Baby übertragen werden. Für Hepatitis B ist kein bestimmter Heilungsweg bekannt, aber bei den meisten Menschen gelingt es dem Immunsystem, das Virus langsam abzutöten. Einem kleinen Prozentsatz der Betroffenen bleiben chronische Beschwerden, und andere tragen ihr Leben lang das Virus in sich. Es gibt einen wirksamen Impfstoff gegen Hepatitis B.

Herpes genitalis

Es gibt zwei Arten von Herpesviren, die Herpes genitalis auslösen. Typ I greift meist den Oberkörper an und verursacht die bekannten Lippenbläschen. Typ II ruft vorwiegend Herpes genitalis hervor. Beide Viren können von einem Körperbereich auf den anderen wandern. Das Hauptsymptom von Herpes genitalis sind Bläschen im Genitalbereich. Diese können sich auch auf Schenkel und Gesäß ausbreiten und äußerst schmerzhaft sein, sodass manchmal die Einnahme von Schmerzmitteln notwendig ist.

Es gibt zwar keine Heilung für Herpes, aber Medikamente, die die Ausbreitung der Infektion unterbinden und die Wahrscheinlichkeit eines erneuten Ausbruchs vermindern. Hat man sich einmal mit Herpes angesteckt, bleibt das Virus im Körper und kann erneut aktiv werden. Das Virus kann nur dann übertragen werden, wenn sich bei dem Betreffenden gerade ein akuter Ausbruch zeigt.

Syphilis

Syphilis ist eine Bakterieninfektion, die in westlichen Ländern selten geworden ist. Sie wird durch Sexualkontakte übertragen. Die Symptome treten in Schüben auf, und wenn sie nicht in einem frühen Stadium mit Antibiotika behandelt werden, kann die Krankheit fortschreiten und zu Gehirnschäden führen.

Gesprächsanregung

Weisen Sie darauf hin, wie wichtig »safer sex« ist und dass man sich untersuchen lassen sollte, wenn die Möglichkeit besteht, dass man sich mit einer sexuell übertragbaren Krankheit angesteckt hat.

Besprechen Sie, wie sich jemand fühlen mag, wenn er oder sie eine solche Krankheit hat.

Weisen Sie auf die Notwendigkeit hin, dass die Menschen ehrlich sind und es ihrem Partner sagen, wenn sie eine solche Krankheit haben. Bei sexuell übertragbaren sollte man sich wie bei allen anderen Krankheiten nicht schämen und sich unbedingt behandeln lassen.

Sexueller Erregungszyklus

Der Zyklus der sexuellen Erregung ist der Prozess, bei dem der Körper in den sexuell erregten und zurück in den nicht erregten Zustand gelangt.

Der Zyklus der sexuellen Erregung ist im Grunde bei Frauen und Männern gleich, doch der Einzelne unterscheidet sich hinsichtlich der Zeitdauer und der Stimulation, die nötig ist, um zum Orgasmus zu kommen. Menschen erleben den gleichen Zyklus, gleich ob sie sich selbst befriedigen, Geschlechtsverkehr oder andere Formen des Sex haben und ob sie homosexuellen oder heterosexuellen Sex haben. Der Zyklus der sexuellen Erregung wird häufig in 4 Phasen unterteilt. Er beginnt mit der Erregungsphase, in der die Blutzufuhr in den Unterleib und Genitalbereich zunimmt. Bei Frauen wird die Scheide feucht, das Scheideninnere wird länger und breiter und der Scheideneingang weitet sich. Die Schamlippen werden größer und dunkler, und die Gebärmutter und der Muttermund richten sich auf. Die Klitoris vergrößert sich und wird fester.

Bei Männern führt die gestiegene Blutzufuhr in den Penis zur Erektion, und die Hoden rücken näher an den Körper heran. Bei Männern und Frauen richten sich die Brustwarzen auf, Blutdruck, Puls und Atemfrequenz steigen. Es kommt zu verstärkter Muskelanspannung, und die Haut des Oberkörpers wird rosig (»sex flush«).

Die zweite Phase wird Plateauphase genannt und ist eine Verstärkung und Fortführung der Erregungsphase. Das untere Drittel der Scheide verengt sich, sodass die Vagina den Penis umschließen kann. Die Klitoris wird äußerst empfindlich. Der Penis wird steifer und dunkler, und es treten ein paar Tropfen Samenflüssigkeit aus. Ab einem bestimmten Zeitpunkt der Plateauphase lässt sich bei Männern die Ejakulation nicht mehr zurückhalten.

Die dritte oder Orgasmusphase ruft bei der Frau ein rhythmisches Zusammenziehen des Beckenbodens um die Scheide hervor. Diese Kontraktionen breiten sich auch auf die Gebärmutter aus (ähnlich wie bei Wehen). Bei Männern ziehen sich die Muskeln am Penis zusammen, und die Kontraktion der Samenleiter, Samenbläschen, Prostata und Harnröhren führt zur Ejakulation der Samenflüssigkeit.

Der Samen wird stoßweise ejakuliert. Wenn ein Mann und eine Frau Geschlechtsverkehr haben, wird der Samen an den Muttermund der Frau ejakuliert. Die Intensität des Orgasmus kann – abhängig von vielen körperlichen und psychologischen Faktoren – unterschiedlich sein. Dazu gehört die Art und Intensität der Stimulation, die Gefühlslage eines Menschen, die Ungestörtheit und der allgemeine geistige und körperliche Gesundheitszustand.

Auf den Orgasmus folgt die **Rückbildungsphase**, wenn der Körper zu seinem nicht erregten Zustand zurückfindet. Die Muskelanspannung lässt nach, die Blutzufuhr in den Genitalbereich normalisiert sich und die Gebärmutter findet in ihre ursprüngliche Lage zurück. Deshalb taucht der Muttermund in die Samenflüssigkeit, wenn der Mann in die Vagina ejakuliert hat, was das Eindringen der Samenzellen in die Gebärmutter begünstigt.

Wenn Frauen ausreichend stimuliert werden, können sie auch mehrere Orgasmen hintereinander bekommen. Männer brauchen dagegen erst eine Erholungsphase, bevor sie wieder sexuell erregt werden können. Die Dauer dieser Phase variiert.

Gesprächsanregung

Junge Leute müssen über den sexuellen Erregungszyklus Bescheid wissen, damit sie verstehen können, dass ihre sexuellen Empfindungen normal und gesund sind.

Zu wissen, wie der Körper bei sexueller Erregung reagiert, erleichtert jungen Leuten die Entscheidung darüber, wie weit sie bei sexuellen Handlungen gehen wollen. Ihnen muss klar sein, dass es schwieriger ist, diese Entscheidungen zu treffen, wenn sie sexuell erregt sind.

Junge Leute lesen in Zeitschriften und hören im Film und Fernsehen über Sex und haben vielleicht unrealistische Erwartungen, wie es beim Sex sein wird. In manchen Artikeln wird behauptet, den Leuten helfen zu können, »wunderbaren Sex« zu erleben, und Menschen gehen oft in der Erwartung sexuelle Beziehungen ein, dass der Sex jedes Mal perfekt sein muss. Es ist gut, über diese Art von Botschaften über Sex zu sprechen und darüber, was diese mit dem tatsächlichen Sexualleben gemein haben.

Siehe auch **Vorspiel** *und* **Orgasmus**

Sexueller Missbrauch

Sexueller Missbrauch liegt vor, wenn eine erwachsene oder ältere Person ein Kind dazu benützt, ihre sexuellen Bedürfnisse zu befriedigen.

Siamesische Zwillinge

Siamesische Zwillinge sind eineiige Zwillinge, die miteinander verwachsen geboren werden, weil sich die befruchtete Eizelle im Frühstadium der Schwangerschaft nicht gänzlich geteilt hat.

Der Begriff »Siamesische Zwillinge« geht auf die berühmten Zwillinge namens Bunkes zurück, die 1811 in Siam (dem heutigen Thailand) geboren wurden; diese Brüder waren an der Brust zusammengewachsen und wurden nie operativ getrennt. Sie heirateten zwei Schwestern und zeugten mit diesen 22 Kinder. Sie starben im Abstand von wenigen Stunden im Alter von 62 Jahren.

Siamesische Zwillinge sind äußerst selten, und der Grund für die unvollkommene Teilung der Eizelle ist unbekannt. Meist wird das Verwachsensein schon vor der

Geburt mittels Ultraschall erkannt, und sie werden mit Kaiserschnitt geboren.

Heutzutage werden die meisten siamesischen Zwillinge operativ getrennt. Ihre Überlebenschancen hängen davon ab, wo sie zusammengewachsen sind und welche Organe sie gemeinsam haben.

Gesprächsanregung

Siamesische Zwillinge sind äußerst selten, und das ist wohl auch der Grund für das große Aufsehen, wenn welche geboren werden.

Sodomie

Der Begriff Sodomie bezeichnet den sexuellen Verkehr von Menschen mit Tieren.

Sodomie kommt relativ selten vor. In Deutschland wurde sie bis 1969 mit Gefängnis bestraft.

Gesprächsanregung

Wie kommt ein Mensch dazu, Unzucht mit Tieren zu treiben? Mögliche Gründe: weil er neugierig ist oder weil er keine andere Möglichkeit findet, sexuell befriedigt zu werden.

Spermien (Samenzellen)

Spermien sind die männlichen Keimzellen.

Spermien werden in den feinen Kanälen der Hoden gebildet. Die Samenproduktion beginnt mit der Pubertät und dauert bis ins hohe Alter an. Sobald die Bildung von Samenzellen eingesetzt hat, werden täglich an die 70 Millionen Spermien produziert. Jede Samenzelle braucht etwa 70 Tage, bis sie voll ausgereift ist. Die Spermien wandern von den Samenkanälen der Hoden in die Nebenhoden, einen ausgedehnten, stark gewundenen Schlauch, der hinter dem Hoden liegt. Die Spermien werden für etwa 14 Tage in den Nebenhoden gespeichert, wo sie weiter reifen. Dann wandern sie durch die Samenleiter, die die Samenzellen durch die Samenbläschen und die Prostata zu den Harnleitern transportieren. Die Samenflüssigkeit aus den Samenbläschen, der Prostata und den Bläschendrüsen vermischt sich bei der Ejakulation mit den Samenzellen.

Spermien sind mikroskopisch klein und bestehen aus einem Kopf, einem Mittelstück und einem Schwanzteil. Der Schwanz kann sich propellerartig bewegen und damit sein ganzes Vorderteil vorwärts schieben. Im Kopf befinden sich die Chromosomen und ein Enzym, das für das Eindringen in die Eizelle erforderlich ist. Das Mittelstück der Samenzelle produziert die für die Bewegung des Spermas nötige Energie.

Zwar werden viele Millionen Samenzellen beim Geschlechtsverkehr ejakuliert, doch nur Hunderte gelangen tatsächlich bis in die Eileiter, und nur eine einzige dringt in die Eizelle ein.

Stillen

Die Muttermilch wird von den Milchdrüsen aus Stoffen produziert, die durch den Blutkreislauf der Frau geliefert werden. Das Stillen hat viele Vorzüge. Muttermilch ist in den ersten sechs Lebensmonaten die beste Nahrung für ein Baby. Sie enthält viele Abwehrstoffe, die ein Baby vor Infektionen schützen. Die Größe der Brust hat keinen Einfluss auf die Milchproduktion. Frauen mit kleinen Brüsten können ebenso erfolgreich stillen wie jene mit großen Brüsten.

Gesprächsanregung

Manchen Menschen ist es peinlich, wenn sie eine Frau in der Öffentlichkeit stillen sehen, weil sie meinen, das sei eine ganz intime Angelegenheit. Andere halten es für völlig natürlich, das in jeder Situation zu tun. Besprechen Sie Ihre Ansichten mit Ihrem Kind. Die Stilldauer unterscheidet sich von Kultur zu Kultur und von Region zu Region ganz wesentlich. In westlichen Kulturen hat das Stillen nach einer Periode der Unbeliebtheit, in der ganz massiv für Fertignahrung geworben wurde, eine Wiederbelebung erfahren. Wurde Ihr Kind gestillt? Und falls ja, wie lange? Was war für Ihre Entscheidung, zu stillen oder nicht, ausschlaggebend?

SYPHILIS *siehe* **Sexuell übertragbare Krankheiten**

TOTGEBURT

T

Man spricht von einer Totgeburt, wenn ein Baby nach der 20. Schwangerschaftswoche tot geboren wird.

Zu einer Totgeburt kann es kommen, wenn das sich entwickelnde Baby geschädigt ist oder wenn es zu Komplikationen während der Schwangerschaft oder Geburt kommt.

Gesprächsanregung

Der Verlust eines Babys ist für die Eltern, deren Familie und Freunde immer traumatisch.

Totgeburten sind in den meisten Ländern ziemlich selten, vor allem dort, wo Schwangerschaften und Geburten medizinisch gründlich überwacht werden.

Toxic Shock Syndrome

Das Toxic Shock Syndrome ist eine seltene Erkrankung, die in 2,5 Prozent der Fälle tödlich ist. Es wird durch eine bakterielle Infektion hervorgerufen.

Zu den Symptomen gehören Kopfschmerzen, Muskelschmerzen, hohes Fieber, Erbrechen, Durchfall und Ausschlag. Bei Auftreten dieser Symptome muss man unbedingt einen Arzt aufsuchen. Wenn gerade ein Tampon benutzt wird, sollte er unbedingt sofort entfernt werden.

Der Gebrauch von Tampons steht im Verdacht, das Toxic Shock Syndrome hervorzurufen. Doch auch andere Faktoren wie Infektionen von Operationswunden können sowohl bei Männern als auch bei Frauen diese Erkrankung auslösen.

Um das Risiko eines Toxic Shock Syndromes so gering wie möglich zu halten, empfehlen die Hersteller von Tampons:

- ✓ eine möglichst kleine Tampongröße zu verwenden
- ✓ möglichst keine Tampons über Nacht zu tragen
- ✓ tagsüber die Tampons regelmäßig zu wechseln
- ✓ auf Körperhygiene zu achten und die Hände vor und nach dem Einführen eines Tampons zu waschen

✓ die Hülle erst direkt vor dem Einsetzen von Tampons zu entfernen und unnötiges Berühren des Tampons zu vermeiden

TRANSSEXUALITÄT

Von Transsexualität spricht man, wenn jemand glaubt, dass sie oder er mit dem falschen Geschlecht geboren wurde.

Transsexualität ist ein medizinisch anerkanntes Krankheitsbild. Oft fühlen sich Transsexuelle in einem »falschen« Körper gefangen.

Transsexuelle können heterosexuell, homosexuell oder bisexuell sein, aber meistens sind sie heterosexuell.

Nachdem sie eine geraume Zeit im anderen Geschlecht gelebt haben, beschließen manche Transsexuelle, eine Geschlechtsumwandlung vornehmen zu lassen. Andere versuchen, durch die Einnahme von Hormonen ihre Körperform zu verändern.

Transsexuelle, die sich zu einer operativen Geschlechtsumwandlung entschließen, müssen sich zunächst intensiven psychologischen und medizinischen Untersuchungen und Beratungen unterziehen. Der Operation geht eine Hormonbehandlung voraus (Männer nehmen Östrogene und Gestagene ein, Frauen Testosteron). Diese Hormone müssen sie ihr Leben lang einnehmen.

Gesprächsanregung

Transsexualität wird in den Medien oft in sensationsgieriger Weise dargestellt. Das kann recht verwirrend sein, deshalb sollten Sie sich mit Ihrem Kind zusammensetzen und über die Tatsachen sprechen.

Transvestismus

Ein Transvestit ist jemand, der durch das Tragen der Kleidung des anderen Geschlechts sexuell erregt wird. Die meisten Transvestiten sind heterosexuelle Männer.

Viele Kinder kleiden sich im Spiel wie das andere Geschlecht. Das bedeutet nicht, dass sie zu Transvestiten werden. Manche Leute ziehen sich die Kleidung des anderen Geschlechts an, um politische Standpunkte zu demonstrieren oder um aufzufallen, und werden dadurch nicht unbedingt sexuell erregt.

Gesprächsanregung

Es gibt viele Meinungen zu Transvestiten. Sagen Sie, was Sie denken und warum.

Die Medien stellen Transvestismus oft in sensationslüsterner Weise dar. Nützen Sie die Gelegenheit, um sachlich darüber zu diskutieren.

Unfruchtbarkeit (eingeschränkte Fruchtbarkeit)

Ein Paar wird als unfruchtbar oder in der Fruchtbarkeit eingeschränkt bezeichnet, wenn es zu keiner Empfängnis gekommen ist, nachdem das Paar ein Jahr lang regelmäßig Geschlechtsverkehr hatte, ohne ein Verhütungsmittel zu benutzen.

Es gibt viele Ursachen der Unfruchtbarkeit, in manchen Fällen liegt es an der Frau, in manchen am Mann und in wieder anderen an beiden. Und gar nicht so selten sind die Gründe seelischer Natur.

Für ein Paar, dessen Fruchtbarkeit eingeschränkt ist, gibt es zahlreiche Behandlungsmethoden. Dazu kann unter Umständen eine medikamentöse Behandlung entweder zur Verstärkung der Samenproduktion oder zur Anregung des Eisprungs gehören. Es werden auch Operationen durchgeführt, um die Eileiter durchgängig zu machen. Zu den weiteren Möglichkeiten gehören medizinische Techniken wie eine künstliche Befruchtung (In-Vitro-Fertilisation).

Gesprächsanregung

Nicht jeder will Kinder haben. Für jene aber, die sich ein Kind wünschen, kann es bedrückend sein, wenn sie keines bekommen können.

Früher war die Adoption eine viel genutzte Lösung für unfruchtbare Paare, aber heute ist das weitaus seltener geworden.

Manche Menschen stehen den neuen Fruchtbarkeitstechnologien ablehnend gegenüber, weil sie in die Natur eingreifen, aufwändig und teuer sind. Sagen Sie, was Sie davon halten und weshalb.

Siehe auch Adoption

Unterleibsentzündung

Unterleibsentzündungen sind Infektionen der weiblichen Fortpflanzungsorgane und der Blase. Die häufigste Ursache dafür sind Chlamydieninfektionen.

Zu den Symptomen der Unterleibsentzündung gehören Unterleibsschmerzen oder Empfindlichkeit des Unterleibs, Schmerzen beim Geschlechtsverkehr, beim Wasserlassen, Fieber und unregelmäßige oder auch schmerzhafte Regelblutungen. Die Erkrankung wird in den meisten Fällen mit Antibiotika behandelt.

Unterleibsentzündungen können zu Verklebungen der Eileiter und damit zur Unfruchtbarkeit führen. Diese Art der Schädigung der Eileiter ist bei Frauen die häufigste Ursache der Unfruchtbarkeit.

Siehe auch **Sexuell übertragbare Krankheiten**

Vergewaltigung (Notzucht, Sittlichkeitsvergehen)

Eine Vergewaltigung liegt vor, wenn ein Mensch gegen seinen Willen zu sexuellen Handlungen oder Geschlechtsverkehr gezwungen wird.

Fast in der ganzen Welt ist Vergewaltigung strafbar, doch die Definition kann von Land zu Land verschieden sein. In manchen Ländern handelt es sich juristisch um eine Vergewaltigung, wenn der Penis oder ein anderes Objekt in die Scheide, den Mund oder After eingeführt und jemand mittels körperlicher Gewalt, der Androhung körperlicher Gewalt oder anderer Drohungen zum Sex gezwungen wird.

Die meisten Opfer von Vergewaltigungen sind Frauen, aber in letzter Zeit ist auch eine Zunahme der Zahl der Männer zu verzeichnen, die angeben, von anderen Männern vergewaltigt worden zu sein (in manchen Ländern wird dies nicht als Vergewaltigung, sondern lediglich als »Sittlichkeitsdelikt« oder »Unzucht« bezeichnet).

In den meisten Vergewaltigungsfällen ist der Täter dem Opfer bekannt. In Deutschland und anderen Ländern kann ein Mann der Vergewaltigung angeklagt werden, wenn er seine Ehefrau gegen ihren Willen zum Geschlechtsverkehr zwingt. Die Strafen für Vergewaltigung sind weltweit hoch, mit zumeist mehrjährigen Haftstrafen.

Man geht davon aus, dass viele Vergewaltigungen (sowohl von Männern als auch Frauen) nicht angezeigt werden. Dafür gibt es vielerlei Gründe. Das Vergewaltigungsopfer denkt unter Umständen, dass es in gewisser Weise an der Vergewaltigung schuld sei, vielleicht spricht sie oder er nicht gerne darüber oder hat Angst vor dem Täter. Oder sie oder er fürchtet sich vielleicht vor der Prozedur der polizeilichen Ermittlungen und den Gerichtsverhandlungen. Oft haben Vergewaltigungsopfer auch Angst, man würde ihnen nicht glauben.

Gesprächsanregung

Besprechen Sie mit Ihrem Kind, wie wichtig das beiderseitige Einverständnis zu sexuellen Handlungen ist. Wenn jemand »nein« sagt, sollte das in jedem Fall akzeptiert werden.

Weisen Sie auf Situationen hin, bei welchen man ein Risiko sexueller Übergriffe eingeht, so, wenn Alkohol oder Drogen im Spiel sind oder keine Aufsicht durch Erwachsene gegeben ist.

Besprechen Sie die Meinungen über Vergewaltigungen und wie sich ein Mensch fühlt, der vergewaltigt wurde.

VERNIX *siehe* **Schwangerschaft**

VORSPIEL (SEXSPIELE, PETTING)

Vorspiel ist ein Überbegriff, der alle sexuellen Handlungen außer Geschlechtsverkehr umschreibt.

Das Vorspiel kann vielerlei Formen haben, einander intime Gedanken und Gefühle mitteilen, Umarmungen, Küsse, Körperkontakt, gegenseitige Masturbation, Berührungen, Streicheln, Stimulation der Brüste, oraler Sex u. Ä.

Die meisten jungen Leute machen ihre ersten sexuellen Experimente mit den verschiedenen Arten des Vorspiels. Das ist oft sehr lustvoll und muss nicht notwendigerweise zum Geschlechtsverkehr führen. Es ist in Wirklichkeit eine wichtige Erfahrung, um die sexuelle Reaktion des eigenen Körpers kennen zu lernen.

Siehe auch **Sexueller Erregungszyklus** *und* **Orgasmus**

Gesprächsanregung

Sexspiele sind ebenso geeignet, sexuelle Lust zu geben und zu erleben, wie der Geschlechtsverkehr an sich. Diese Spiele haben aber den Vorteil, dass sie nicht zu einer Schwangerschaft führen. Darüber hinaus besteht ein geringeres Risiko, sich mit sexuell übertragbaren Krankheiten, darunter auch HIV/AIDS, anzustecken, und sie sind durchaus eine Alternative für den Einzelnen oder ein Paar, das meint, dass es gefühlsmäßig für den Geschlechtsverkehr noch nicht reif ist.

Vulva

Die Vulva ist der äußere Genitalbereich der Frau. Sie besteht aus dem Schamberg, den äußeren und inneren Schamlippen, der Klitoris, dem Vorhof und dem Damm (Perineum).

Der Schamhügel ist ein Polster aus Fettgewebe mit vielen Nervenenden über dem Schambein, das nach der Pubertät mit Schamhaar bedeckt ist. Viele Frauen empfinden Berührungen an dieser Stelle als lustvoll.

Die äußeren und inneren Schamlippen schützen die äußeren Geschlechtsorgane.

Die Klitoris befindet sich vorn am Scheideneingang, wo die Schamlippen zusammentreffen. Die Hautfalte der inneren Schamlippen schützt die Klitoris (Klitoralschaft).

Der Vorhof ist der Bereich zwischen beiden inneren Schamlippen, wo sich die Blasen- und Scheidenöffnung befindet.

Der Damm ist die Hautverbindung zwischen Scheiden- und Darmausgang. Er hat viele Nervenenden, ist daher empfindlich bei Berührung und Druck.

Gesprächsanregung

Weil es für Mädchen schwierig ist, ihre Geschlechtsorgane anzusehen, sollte man sie ermuntern, einen Spiegel zu Hilfe zu nehmen, um ihre Genitalien kennen zu lernen. Das trägt dazu bei, dass sie sich mit ihrem Körper wohler fühlen und erkennen können, wenn etwas nicht in Ordnung ist.

Siehe auch Klitoris *und* Schamlippen

ZERVIKALSCHLEIM *siehe* **Pap Smear Test**

ZERVIX (GEBÄRMUTTERHALS)

Die Zervix, der Gebärmutterhals, liegt zwischen dem Scheidenende und der Gebärmutter. Während der ersten Geburtsphase dehnt sich der Gebärmutterhals, damit das Baby in die Vagina eintreten kann. Jede Frau, die sexuell aktiv war oder ist, sollte alle zwei Jahre einen Pap Smear Test durchführen lassen, um Veränderungen der Zervix zu entdecken. Wenn der Pap Smear Test bei einer Frau positiv ist, wird bei ihr dieser Test wahrscheinlich häufiger durchgeführt werden, oder es werden weitere Untersuchungen notwendig sein (*siehe auch* **Pap Smear Test**).

ZWILLINGE

Es gibt zwei Arten von Zwillingen, zweieiige und eineiige: Zweieiige Zwillinge werden geboren, wenn zwei Eizellen abgestoßen und durch zwei Spermien befruchtet werden. Diese Zwillinge sehen sich nicht unbedingt ähnlich, es können zwei Mädchen, zwei Jungen, aber auch ein Mädchen und ein Junge sein.

Eineiige Zwillinge werden geboren, wenn eine Eizelle von einer Samenzelle befruchtet wird und sich das befruchtete Ei im Frühstadium der Zellteilung vollständig teilt. Wenn sich zwei Embryos aus derselben Eizelle entwickeln, die von ein und derselben Samenzelle befruchtet wurde, sind sie identisch, haben also auch das gleiche Geschlecht.

Eine von neunzig Schwangerschaften ist eine Zwillingsschwangerschaft. Manchmal kommt es bei Zwillingen zu Frühgeburten.

Siehe auch **Siamesische Zwillinge**

TEIL 3

Weiterführende Informationen

Weiterführende Adressen

Deutschland

Im Telefonbuch finden Sie Träger anerkannter Beratungsstellen zum Thema Sexualität, Partnerschaft und Verhütung, darunter:

- ✓ Arbeiterwohlfahrt
- ✓ Caritas
- ✓ Der Paritätische Wohlfahrtsverband
- ✓ Diakonisches Werk
- ✓ Deutsches Rotes Kreuz
- ✓ PRO FAMILIA
- ✓ Sozialdienst katholischer Frauen

Ferner gibt es in den meisten größeren Städten weitere, regional unterschiedliche Beratungsstellen. Hier einige Stichworte, unter denen Sie im Telefonbuch nachsehen können:

- ✓ AIDS-Beratung
- ✓ AIDS-Hilfe
- ✓ Beratung für Kinder, Jugendliche und Eltern
- ✓ Beratungsstelle für Mädchen und Frauen
- ✓ Ehe-, Familien- und Lebensberatung
- ✓ Frauenberatung
- ✓ Frauennotruf
- ✓ Frauenzentrum
- ✓ Familienplanungszentrum
- ✓ Frauen helfen Frauen
- ✓ Frauengesundheitszentrum
- ✓ Jugendberatung
- ✓ Jugendamt
- ✓ Kinderschutzbund
- ✓ Kinder- und Jugendtelefon
- ✓ Lesben
- ✓ Mädchenzentrum, -café, -gesundheitsladen, -haus
- ✓ Notruf ... (Hilfe bei Vergewaltigung)

- ✓ Schwangerschaftskonfliktberatung
- ✓ Sexualberatung
- ✓ Telefonseelsorge
- ✓ Wildwasser (Hilfe bei sexuellem Missbrauch)
- ✓ Zartbitter (Hilfe bei sexuellem Missbrauch)

Arbeiterwohlfahrt/ Bundesverband
Oppelner Str. 130
53119 Bonn
Tel.: 02 28/6 68 50

Bundeszentrale für gesundheitliche Aufklärung
Postfach 91 01 52
51071 Köln
Tel.: 02 21/89 92-0
Internet:
http://www.bzga.de

Deutsche AIDS-Hilfe e.V.
Dieffenbachstr. 33
10967 Berlin
Tel.: 0 30/69 00 87-0
Fax: 0 30/69 00 87-42
Internet:
http://www.aidshilfe.de
E-Mail: dah@aidshilfe.de

Deutscher Caritasverband
Karlstr. 40
79104 Freiburg
Tel.: 07 61/20 00

Deutscher Kinderschutzbund
Schiffgraben 29
30159 Hannover
Tel.: 05 11/3 03 85-0

Deutscher Paritätischer Wohlfahrtsverband
Heinrich-Hoffmann-Str. 3
60528 Frankfurt am Main
Tel.: 0 69/6 70 60

Deutsches Rotes Kreuz/ DRK-Generalsekretariat
Postfach 1460
53004 Bonn
Tel.: 02 28/5 41-0
Fax: 02 28/5 41-12 90
E-Mail: drk@drk.de

(Schwerpunkte der Schwangerschaftsberatungsstellen: Konfliktberatung, Verhütung und Familienplanung, Sexualaufklärung, Partnerschafts- und Sexualprobleme, Vorbereitung auf die Geburt, Beratung nach der Geburt und Unterstützung beim Geltendmachen gesetzlicher finanzieller und sozialer Hilfeleistungen sowie Beratungsangebote nach einem Schwangerschaftsabbruch.)

Diakonisches Werk der Evangelischen Kirche in Deutschland
Stafflenbergstr. 76
70184 Stuttgart
Tel.: 07 11/2 15 91

Lambda. Schwul-lesbisches Jugendnetzwerk e.V.
Rittergut
99955 Lützensömmern
Tel.: 03 60 41/4 49 83

Lesbenring e.V.
Bonner Talweg 55
53113 Bonn

Pro Familia/Bundesverband Deutsche Gesellschaft für Familienplanung, Sexualpädagogik und Sexualberatung e.V.
Stresemannallee 3
60596 Frankfurt am Main
Tel.: 0 69/63 90 02

Pro Familia/Landesverbände

Baden-Württemberg
Haußmannstr. 6
70188 Stuttgart
Tel.: 07 11/2 15 51 08

Bayern
Türkenstr. 103/I
80799 München
Tel.: 0 89/33 00 84-0

Berlin
Ansbacher Str. 11
10787 Berlin
Tel.: 0 30/2 13 90 20

Brandenburg
Gartenstr. 42
14478 Potsdam
Tel.: 03 31/7 40 83 97

Bremen
Hollerallee 24
28209 Bremen
Tel.: 04 21/3 40 60 60

Hamburg
Kohlhöfen 21
20355 Hamburg
Tel.: 0 40/34 33 44

Hessen
Schichaustr. 3–5
60314 Frankfurt/Main
Tel.: 0 69/44 70 61

Mecklenburg-Vorpommern
Barnstorfer Weg 50
18057 Rostock
Tel.: 03 81/3 13 05

Niedersachsen
Steintorstr. 6
30159 Hannover
Tel.: 05 11/30 18 57 80

Nordrhein-Westfalen
Postfach 130901
42036 Wuppertal
Tel.: 02 02/2 45 65 10

Rheinland-Pfalz
Schießgartenstr. 7
55116 Mainz
Tel.: 0 61 31/23 63 50

Saarland
Mainzer Str. 106
66121 Saarbrücken
Tel.: 06 81/6 45 66

Sachsen
Wurzner Str. 95
04315 Leipzig
Tel.: 03 41/2 32 43 18

Sachsen-Anhalt
Richard-Wagner-Str. 29
06114 Halle
Tel.: 03 45/5 22 06 36

Schleswig-Holstein
Marienstr. 29–31
24937 Flensburg
Tel.: 04 61/9 09 26-20

Thüringen
Bahnhofstr. 27/28
99084 Erfurt
Tel.: 03 61/6 43 85 14

Schwulenverband in Deutschland (SVD)
Bundesgeschäftsstelle
Rhinower Str. 5
10437 Berlin
Tel.: 0 30/2 08 73 11

Sozialdienst katholischer Frauen
Zentralstelle
Agnes-Neuhaus-Str. 5
44135 Dortmund
Tel.: 02 31/52 81 26

I.M.M.A.
Beratungsstelle für Mädchen und junge Frauen
An der Hauptfeuerwache 4
80331 München
Tel.: 0 89/2 60 75 31

Wildwasser e.V.
Arbeitsgemeinschaft gegen sexuellen Missbrauch an Mädchen und Jungen

(Dort können Adressen von Therapeuten, Psychiatern und Psychologen erfragt werden, und es werden meist auch Selbsthilfegruppen angeboten)

10961 Berlin,
Mehringdamm 50,
Tel.: 0 30/7 86 50 17

10178 Berlin, Dircksenstr. 47,
Tel.: 0 30/2 82 44 27

33615 Bielefeld,
Jöllenbeckerstr. 57,
Tel.: 05 21/17 54 76

44801 Bochum,
Buscheyplatz 3,
Tel.: 02 34/70 64 74/75

64283 Darmstadt,
Saalbaustr. 13–15,
Tel.: 0 61 51/2 88 71

44137 Dortmund, Adlerstr. 81,
Tel.: 02 31/14 88 77

60486 Frankfurt,
Kasseler Str. 1a,
Tel.: 0 69/70 12 18

79098 Freiburg, Adlerstr. 12,
Tel.: 07 61/3 36 45

61152 Friedberg,
Postfach 10 12 18,
Tel.: 0 60 31/6 40 00

35390 Gießen, Liebigstr. 13,
Tel.: 06 41/7 65 45

58095 Hagen, Bahnhofstr. 41,
Tel.: 0 23 31/1 58 88

31134 Hildesheim,
Gelber Stern 20,
Tel.: 0 51 21/3 77 87

76135 Karlsruhe,
Scheffelstr. 53,
Tel.: 07 21/85 91 73

50674 Köln, Roonstr. 92,
Tel.: 02 21/5 10 53 69

67061 Ludwigshafen,
Rottstr. 79,
Tel.: 06 21/5 29 67 18

39124 Magdeburg,
Lübecker Str. 15,
Tel.: 03 91/2 51 54 17

35037 Marburg,
Barfüßer Str. 30,
Tel.: 0 64 21/1 44 66

90419 Nürnberg,
Roritzerstr. 22,
Tel.: 09 11/33 13 30

26122 Oldenburg,
Kaiserstr. 19,
Tel.: 04 41/1 66 56

65428 Rüsselsheim,
Haßlochstr. 150,
Tel.: 0 61 42/56 15 53

70182 Stuttgart,
Kernerstr. 31,
Tel.: 07 11/29 64 32

65197 Wiesbaden,
Wallufer Str. 1,
Tel.: 06 11/80 86 19

67547 Worms,
Synagogenplatz 1,
Tel.: 0 62 41/60 94 oder
/8 89 17

97070 Würzburg,
Neutorstr. 11,
Tel.: 09 31/1 32 87

Zartbitter e.V.
Kontakt und Informationsstelle gegen sexuellen Missbrauch an Mädchen und Jungen
Sachsenring 2–4
50677 Köln
Tel. und Fax: 02 21/31 20 55, 9 32 03 97

Zündfunke e.V.
Verein zur Prävention und Intervention zu sexuellem Missbrauch an Kindern und Frauen
Beseler Str. 48
22607 Hamburg
Tel.: 0 40/8 90 12 15

Bundesweiter Telefondienst
»Die Nummer gegen Kummer«
Kinder- und Jugendtelefon des Deutschen Kinderschutzbundes
Bundesweite Sondernummer bei allen Sorgen und Problemen, ob mit Schule, Eltern, Freund oder Freundin
08 00/1 11 03 33

Österreich

Kinder in Not – Telefonnummern zum Thema Kinderschutz

Wien: 00 43/1/17 08 aus dem Ausland, 02 22/17 08 im Inland

Niederösterreich: 0 27 42/17 08

Oberösterreich: 07 32/17 08

Kärnten: 0 42 74/17 08

Burgenland: 0 26 82/17 08

Vorarlberg: 0 55 22/17 08

Tirol: 05 12/17 08

Steiermark: 03 16/17 08

Salzburg: 06 62/17 08

Verein Elternwerkstatt
Leitung: Maria Neuberger-Schmidt
Altmannsdorferstr. 172/31/2
1230 Wien
Tel./Fax: 01/6 62 20 06, mobil: 06 76/4 15 55 38
E-Mail: office@elternwerkstatt.at

Verein Lichtblick
(Kinder-, Partnerschafts-, Sexualberatung und mehr)
Domplatz 3/1
2700 Wiener Neustadt
Tel./Fax: 0 26 22/2 62 22
Kindernotruf: 0 26 22/6 66 61
(Anonymität und Schweigepflicht werden gewahrt)

Schweiz

Astagna
Beratungsstelle für sexuell ausgebeutete Kinder, weibliche Jugendliche und in der Kindheit betroffene Frauen
Tel.: 01/2 91 49 49 (Zürich)

Beratungsstelle für misshandelte Frauen und ihre Kinder
Tel.: 0 31/3 32 55 33 (Bern)

Blaues Kreuz Kinder- und Jugendwerk
9100 Herisau
Tel.: 0 71/3 52 11 88

Die Dargebotene Hand
Sorgentelefon für Kinder und Jugendliche für die gesamte Schweiz
(Die Dargebotene Hand kann von jeder Telefonzelle aus angerufen werden.)
Tel.: 1 43

Eltern-Notruf Basel
Tel.: 0 61/2 61 10 60

Elternnotruf Zürich
Asylstr. 79
8032 Zürich
Tel.: 01/2 61 88 66
Fax: 01/2 61 89 03
E-Mail 24h@elternnotruf.ch
http://www.elternnotruf.ch

Erziehungsberatung

Kanton Bern:
Tel.: 0 31/6 33 41 41

Ostschweiz: Tel.: 0 71/2 44 20 20

Zürich: Tel.: 01/2 61 88 66

Zug: Tel.: 0 41/7 10 22 05

Help-o-fon
Kindernotruf
Tel.: 1 57 00 57, 14 77

Kinderschutzgruppe des

Kantonsspitals Aarau
Tel.: 0 62/8 38 56 16

Kinderspitals Bern
Tel.: 0 31/6 32 92 77

Kinderspitals Zürich
Tel.: 01/4 44 86 85

Kinderspital St. Gallen
via Hauptnummer
Tel.: 0 71/2 43 71 11

Nottelefon für bedrängte Kinder
Waffenweg 15
3014 Bern
Tel.: 0 31/3 33 02 13

Schlupfhuus Sorgentelefon
Schönbühlstr. 8
8032 Zürich
Tel.: 01/2 61 21 21

Schweizerischer Kinderschutzbund
Postfach 344
Brunnmattstr. 38
3014 Bern
Tel.: 0 31/3 82 02 33

Sky Phone
Schafmattweg 60
4102 Binningen
Tel.: 0 61/4 21 26 00

Sorgentelefon
Muttenzerstr. 16
4142 Muenchenstein
Tel.: 0 61/4 11 45 70

Stiftung »Kinder und Gewalt«
Postfach 1235
3110 Münsingen
PC 30-2552-7

Stiftung Kinder- und Jugendhilfe
Seeburgstr. 26
6002 Luzern
Tel.: 0 41/3 70 13 45

Verein Beratungsstelle für Kinder und Jugendliche
Dammweg 21
3053 Münchenbuchsee
Tel.: 0 31/8 69 27 72

Lesehinweise

Für Eltern

Bange, Dirk und Enders, Ursula: *Auch Indianer kennen Schmerz.* Handbuch gegen sexuelle Gewalt an Jungen. Kiepenheuer und Wietsch, Köln 1995

Biddulph, Steve: *Jungen. Wie sie glücklich heranwachsen.* Beust Verlag, München 1998

Braun, Gisela: *Ich sag nein.* Verlag an der Ruhr, Mülheim 1989

Breitenbach, Eva: *Mütter missbrauchter Mädchen.* Eine Studie über sexuelle Verletzung und weibliche Identität. 1994

Canziani, Willy und Meili-Lehner, Dorothea: *Was Sie Ihrem Kind schon lange über Liebe und Sex sagen wollten ...* Sexualerziehung in der Familie. Pro Juv.-Atlantis, Zürich 1997

Dorpat, Christel: *Welche Frau wird so geliebt wie du.* Rotbuch, Berlin 1990

Elliott, Michele: *Frauen als Täterinnen.* Sexueller Missbrauch an Mädchen und Jungen. Donna Vita, Ruhnmark 1995

Fastie, Friesa: *Ich weiß Bescheid.* Sexuelle Gewalt: Rechtsratgeber für Mädchen und Frauen. Donna Vita, Ruhnmark 1997

Hane, Willy und Holtermann, Eva: *Mutti, Vati, wo komme ich her?* Weka, Augsburg 1997

Haug-Schnabel, Gabriele: *Sexualität ist kein Tabu.* Vom behutsamen Umgang mit einem schwierigen Thema. Herder, Freiburg 1997

Herrath, Frank und Sielert, Uwe: *Lisa und Jan.* Ein Aufklärungsbuch für Kinder und ihre Eltern. Mit einer ausführlichen Elterninformation. Beltz Fachbuch Verlag, Weinheim 1991

Lange, Carmen: *Sexuelle Gewalt gegen Mädchen.* Ergebnisse einer Studie zur Jugendsexualität. Enke, Stuttgart 1998

Lemke, Jürgen: *Verloren am anderen Ufer?* Schwule und lesbische Jugendliche und ihre Eltern. Aufbau, Berlin 1994

Mönkemeyer, Karin: *Kindliche Sexualität.* Tabus – Konflikte – Lösungen. Beltz Fachbuch Verlag, Weinheim

Rendtorff, Barbara: *Geschlecht und Kindheit.* Psychosexuelle Entwicklung und Geschlechtsidentität. U. Helmer, Königsstein 1997

Schneider, Sylvia: *Das Eltern-Fragebuch.* Wenn Kinder erwachsen werden. Ueberreuter, Wien 1994

Für Kinder

Böhme, Ulfert / Enders, Ursula / Wolters, Dorothee: *Lass das, nimm die Finger weg.* Ein Comic für Mädchen und Jungen. (Ab 7 Jahren) Anrich, Weinheim 1997

Boßbach, Christel / Dürr, Gisela / Raffauf, Elisabeth: *Mama, wie bin ich in deinen Bauch gekommen?* Ein Aufklärungsbuch für Kinder ab vier Jahren. Weltbild, Augsburg 1998

Cole, Babette: *Ei, was sprießt denn da?* Haarige Wahrheiten übers Groß- und Größerwerden. (Ab 6 Jahren) Sauerländer, Frankfurt/Main 2000

Enders, Ursula / Wolters, Dorothee: *Wir können was, was ihr nicht könnt.* Ein Bilderbuch über Zärtlichkeit und Doktorspiele. Anrich, Weinheim 1996

Für Jugendliche

Barlow, Steve und Skidmore, Steve: *Die härtesten Jahre.* Oder wie man die Pubertät überlebt. Ueberreuter, Wien 1998

Bass, Ellen und Kaufman, Kate: *Wir lieben, wen wir wollen.* Selbsthilfe für lesbische, schwule und bisexuelle Jugendliche. Orlanda Frauenverlag, Berlin 1999

Bopp, Annette: *Sex ohne Angst.* Sex macht Spaß. Stiftung Warentest, Düsseldorf 1994

Dijk, Lutz van: *Anders, als du denkst.* Geschichten über das erste Mal. Patmos, Düsseldorf 1996

Fenwick, Elisabeth und Walker, Richard: *Let's talk about Sex.* (12–14 Jahre) Mosaik Verlag, München 1995

Ring, Gabi: *Verliebt und wie geht's weiter?* Loewe, Bindlach 1998

Schneider, Sylvia und Rieger, Birgit: *Das Aufklärungsbuch.* (Ab 10 Jahren) Ravensburger Buchverlag, Ravensburg 2000

Stoppard, Miriam: *Sex und so ...* Das Aufklärungsbuch für Teenies. Mosaik Verlag, München 1998

Westheimer, Ruth: *Ab jetzt wird alles anders.* Vom Erwachsenwerden, von Liebe und von Sex. Aare, Solothurn 1994

Wolfrum, Christine und Süß, Peter: *So wild nach deinem Erdbeermund.* Ein Aufklärungsbuch für Jugendliche. (Ab 14 Jahren) dtv, München 2000

Speziell für Jungen

Ausfelder, Trude: *Alles, was Jungen wissen wollen.* (12–14 Jahre) Ellermann, München 1998

Braun, Joachim und Niemann, Bernd: *Coole Kerle, viel Gefühl.* Alles über Anmache, Liebe und Partnerschaft. Rowohlt, Reinbek 1998

Daldry, Jeremy: *Teenagerjahre. Die harten Fakten.* Basiswissen für Jungs. (Ab 12 Jahren) Ueberreuter, Wien 1999

Hüsch, Tim: *Eintausend (1000) Jungenfragen.* Loewe, Bindlach 1998

Schneider, Sylvia: *Das Jungen Fragebuch.* (12–14 Jahre) Ueberreuter, Wien 1993

Speziell für Mädchen

Ausfelder, Trude: *Alles, was Mädchen wissen wollen.* Infos und mehr für die aufregendsten Jahre des Lebens. Ellermann, München 1997

Jukes, Mavis: *Küsse, Kerls, Kondome.* Was Mädchen wissen wollen. Droemer, München 1998

Krauch, Franziska und Kunstmann, Antje: *Mädchen.* Das Aufklärungsbuch. A. Kunstmann Verlag, München 1996

Mennen, Patricia und Rieger, Birgit: *Das andere Mädchenbuch.* (10–12 Jahre) Ravensburger Buchverlag, Ravensburg 1996

Schneider, Sylvia: *In der Regel gute Tage.* (12–14 Jahre) Ueberreuter, Wien 1999

Register

A

B

C

D

E

P

R

S